KB214808

최주훈의 명화 이야기

최주훈의 명화 이야기

보는 것에서
읽어 내는 것으로

최주훈

비아
토르

그림, 좋아하시나요? 최근 우리나라에 미술 애호가들이 급증했습니다. 해외 유명 작가 미술전 매진 사례는 이제 흔한 일입니다. 저도 얼마 전에 런던 내셔널 갤러리 작품들이 국립중앙박물관에 전시된다고 해서 가 본 적이 있습니다. 정말 어마어마하게 많은 인파가 몰렸더군요. 입구부터 길게 줄을 서서 기다린 끝에 전시실에 들어갔는데, 거기는 (거짓말 조금 보태서) 출근 시간 지하철마냥 발 디딜 틈도 없었습니다. 유명하다는 작품 앞에 서서 뭔가를 골똘히 관찰하는 사람들의 자세가 그리도 진지할 수 없었습니다. 그렇게 저도 인파에 휩쓸려 그림 앞을 이리저리 지나다녔습니다. 그러다가 문득 이런 생각이 들더군요. '우리는 정말 그림을 제대로 감상하는 걸까?'

2001년 리자 스미스Lisa F. Smith와 제프리 스미스Jeffrey K. Smith 교수는 매우 흥미로운 연구 보고서Spending Time on Art를 제출했습니다. 미술 전문가들에게는 미술관 방문객들이 작품을 건성으로 감상한다는 통념이 있는데, 이런 생각의 진위를 실증적으로 살핀 실험 연구였다고 합니다. 연구자들은 뉴욕 메트로폴리탄 미술관에서 관람객 150명이 6개 걸작 앞에 멈춰 서는 시간을 계산했다고 합니다. 걸작으로 알려진 작품을 얼마나 집중해서 관람했을까요? 한 작품당 머문 시간은 평균 17초였다고 합니다. 그림 밑에 붙은 작품명과 설명을 읽는 시간까지 포함한 것이니 실제 감상 시간은 고작 10초도 안 될 것 같습니다. 우리라고 다를까요? 한 가지는 확실합니다. 사람들은 그림을 찾아 감상하지만, 그림에 담긴 표현과 의미를 충분히 보지 않습니다.

여행은 아는 만큼 즐길 수 있다는 말이 있지요. 마찬가지로 그림도 아는 만큼 볼 수 있다는 말은 '거의' 진리입니다. 소위 '명화'라고 불리는 작품들은 색채나 구도의 아름다움을 넘어서는 힘이 있습니다. 그 안엔 작가가 살던 사회와 정치·경제적 맥락도 담겨 있고, 시대를 넘어서는 예언자적 메시지도 담깁니다. 특별히 근대 이전 서양 역사는 교회와 관련이 깊습니다. 교회의 성장과 쇠퇴, 갈등의 시간 가운데 작가들은 저마다 새로운 시각으로 작품에 메시지를 담아냅니다. 이런 이유로 그림 감상은 그림을 '보는 것'이 아니라 '읽는 것'이라고 말하기도 합니다. 여기서 도상iconography이라는 개념이 생겨납니다. 도상이란 그림에 담긴 상징을 읽어 내는 작업입니다. 종교화를 감상한다는 것은 일차적으로 그림에 담긴 요소들을 읽어 내는 일부터 시작합니다.

예술 작품의 도상을 연구하고 해석하는 일은 미술사학의 고유한 분야입니다. 한국에도 명화를 소개하는 미술사학자들이 많습니다. 그분들의 풍성한 설명을 들을 때마다 드는 바람이 하나 있습니다. 저 그림의 배경은 교회와 신학이니 신학자가 이야기를 풀어낸다면 얼마나 좋을까 하는 생각 말입니다. 조심스러운 사견이지만, 중세 서양미술은 교회 역사와 연결되어 있으니 교회사와 교의학자라면 미술사학자와 다른 관점에서 독특한 이야기보따리를 풀 수 있을 겁니다. 단순히 그림에 담긴 도상을 설명하는 수준을 넘어 그때 거기서의 신앙과 오늘 우리의 신앙을 겹쳐 볼 수 있을 겁니다. 제가 아는 한, 빼곡한 글씨로 압도하는 신학 논문이나 설교보다 그림의 힘이 더 강합니다. 그림 한 장에 담긴 역사, 신학, 인생 이야기는 남녀노소 누구에게나 쉽게 접근할 수 있습니다. 그게 그림과 예술의 힘입니다.

저는 미술사학자가 아닙니다. 미술을 전공하지도 않았고, 백지에 사람 얼굴을 그리면 초등학생도 이게 뭐냐고 비웃을 정도입니다. 독일에서 신학을 공부했고 철학과 역사에 관심이 많습니다. 그림 그리기에는 소질이 없지만, 그림 한 장 놓고 멍 때리기 좋아하고, 그림 한 장으로 신학과 교회 역사 설명하는 걸 좋아합니다. 비아토르 김도완 대표의 권유로 그간 강연하고 모아 두었던 그림 해설을 모아 책으로 펴냅니다. 목사라서 다른 작품들은 언감생심이고, 기독교 관련 작품만 몇 개 소개하려고 합니다. 거기 담긴 도상을 찬찬히 읽어 가다 보면, 목사가 보는 그림이 어떤지 그리고 신학자가 그림을 통해 관찰하는 시대상이 어떤지 조금은 이해할 수 있을 겁니다. 굳이 전문가도 아닌 사람이 이런 책을 출간한 목적이 뭐냐고 물어본다면, 이렇게 말씀드리고 싶습니다. "당신이 이 책을 읽고 나면, 적어도 17초 이상은 감상하며 즐길 수 있을 겁니다!"

2024년 8월
바람 잘 드는 후암동
중앙루터교회 사무실에서
최주훈

2부 —— 수난과 부활

3부 ─── 교회와 세상

1

예수님의 생애

보이는 게 다는 아니다

게리 멜쳐스, 〈설교〉

서문에서 "아는 만큼 보인다"라는 설명과 함께 도상을 언급했는데, 그 시작으로 1886년 미국 화가 게리 멜쳐스의 그림을 소개하는 게 좋을 것 같습니다. 제목은 〈설교The Sermon〉입니다. 19세기 미국 청교도 예배 시간을 그대로 옮겨 놓은 그림입니다. 살펴보면 '설교'라는 제목이 무척 자연스럽습니다. 우리에게도 낯설지 않아요. 우선 구석구석 살펴볼까요. 눈에 들어오는 게 많습니다. 남자는 위, 여자는 아래로 좌석이 분리된 것으로 보아 19세기 미국에 남녀평등 문화가 정착하지 않았다는 게 보입니다. 남자 앞에 펼쳐진 성경으로 미루어보아 설교 본문이 모세오경 어디쯤 될 것 같습니다. 맨 앞에 세워진 장대도 두개 보입니다. 제가 어릴 때 교회에서 보았던 헌금 바구니예요.

게리 멜쳐스, 〈설교〉
1886년, 캔버스에 유채, 159×219.7cm, 스미스소니언 미술관

사람들은 설교를 듣느라 온 정신이 집중되어 있습니다. 딱 두 사람만 빼고요. 중앙의 두 사람에 우리 시선이 멈춥니다. 이 둘 사이에 빈 좌석이 있는데, 두 사람의 물리적 거리 이상으로 보입니다. 고개를 숙인 여인은 졸고 있는 게 분명해 보입니다. 그리고 그 옆에서 나이 지긋한 여인이 이 젊은 여인을 바라봅니다. 측은해하는 것일 수도 있고, 설교 시간에 조는 게 못마땅해 노려보는 것일 수도 있습니다. 보는 사람에 따라 다르게 보일 수 있습니다. 무척 재미난 장면입니다.

작가는 왜 이 그림을 그렸을까요? 단지 예배 시간에 조는 사람을 째려보는 사람이 재미있어서? 작가를 만나 이야기를 들어봐야 정확하겠지만, 제 생각엔 이 작품의 제목에 힌트가 있는 것 같습니다. 제목이 뭔가요? 네. '설교'입니다. 여기서 한번 생각해 봅시다. 사람들에게 종이를 나눠 주고 설교라는 제목으로 그림을 그리라고 하면 대부분 빠지지 않고 등장하는 소재가 하나 생길 겁니다. 그건 바로 설교하는 사람이에요. 그런데 특이하게도 게리 멜처스의 이 작품 제목은 설교인데, 설교하는 사람이 없습니다.

작가는 이 그림을 보여 주면서 가장 중요한 걸 잊고 사는 우리 현실을 고발합니다. 사람들은 언제나 눈에 보이는 것만 중요하고 아름답게 생각하지만, 가장 중요한 것들은 때로 자기 몸을 숨깁니다. 진리, 그리고 참으로 가치 있는 것들은 때로 우리 시야에 잡히지 않습니다. "거룩한 것, 가장 귀한 것은 숨겨져 있다"[1]라는 종교개혁자 마르틴 루터의 말은 사실입니다. 바로 이 그림처럼 말입니다.

하나님의 말씀

　　교회 다니는 사람들에게 설교가 무엇이냐고 물어보면, '하나님의 말씀'이라고 말합니다. 그건 삼척동자도 다 압니다. 목사나 선생의 말이 아닌 하나님의 말을 설교라고 하고, 그 내용은 약한 사람에게 힘을 주고, 마음 상한 자를 보듬어 주며 회복시키는 것이라고 합니다. 그래서 설교 시간에 집중해야 할 곳은 당연히 잘생긴 설교자가 아니라 보이지 않는 하나님의 음성입니다. 멜쳐스의 그림을 읽는 출발점은 여기서부터입니다. 그가 생각하는 설교는 분명히 하나님의 말씀입니다. 물론 사람(설교자)을 통해 전해지는 하나님의 말씀인 것은 맞지만, 이 그림은 설교의 중심이 하나님이 되어야 마땅하다고 역설합니다.

　　그럼 하나 더 질문해 봅시다. 이 그림 속 인물 가운데 설교 정신에 가장 어울리는 사람은 누구일까요? 언뜻, 졸고 있는 사람이야말로 설교와 가장 상관없는 사람처럼 보입니다. 하지만 이렇게 볼 수도 있지 않을까요? 축 늘어진 자세는 가장 편안한 안식의 자세로, 숙인 고개는 조는 게 아니라 기도하는 모습으로, 무릎 위에 편 손은 힘겨운 일주일의 삶을 하나님의 자비와 은총에 내맡기는 그런 모습으로 볼 수도 있지 않을까요?

그렇게 보면, 빈 좌석을 사이에 둔 두 여인은 전혀 다른 차원의 신앙을 대표하는 것으로 볼 수 있습니다. 한 사람은 하나님의 음성에 오롯이 기대어 자신의 삶을 내맡기는 안식을, 또 한 사람은 자기를 돌아보는 대신 겉모습만으로 타인을 쉽게 심판하는 오늘의 신앙인을 대표하는 게 아닐까 싶습니다.

설교란 무엇일까

이 그림을 보며 설교와 예배를 다시 생각하게 됩니다. 저에게 설교가 무엇이냐고 물으면 이렇게 답할 것 같습니다. "설교는 하나님의 말씀입니다. 그건 우리가 만들어 낼 수 없는 은총입니다. 그 은총이 죄인을 구원합니다. 죄인은 스스로 구원할 수 없는 존재라는 뜻이라서, 누군가에게 기대야만 하는 모든 인간을 지칭합니다. 지치고 힘들고 아픈 사람들에게 기댈 곳이 되어 주고, 참된 쉼(안식)을 주어 다시 걸어가도록 북돋는 하나님의 음성이 설교입니다. 그 음성을 사람(설교자)을 통해 들려주십니다. 그렇기에 신자들은 설교를 통해 말씀하시는 하나님 음성에 집중해야 합니다. 그건 남을 심판하라고 들려주는 소리가 아니라, 나를 존재의 근원에서부터 돕겠다는 하나님의 소리입니다."

멜쳐스의 이 그림을 보다가 요한복음 말씀이 생각났습니다. "문지기는 그를 위하여 문을 열고 양은 그의 음성을 듣나니, 그가 자기 양의 이름을 각각 불러 인도하여 내느니라. 자기 양을 다 내놓은 후에 앞서가면 양들이 그의 음성을 아는 고로 따라오되, 타인의 음성은 알지 못하는 고로 타인을 따르지 아니하고 도리어 도망하느니라"(요 10:3-5).

그림 속 여인의 편안한 자세와 무릎 위 하늘 향해 펼친 손이 자꾸 떠오릅니다. 이 여인의 모습에 목자의 음성을 기다리는 양의 모습이 겹쳐지는 건 왜일까요. 지금 우리 교회에선 이 그림 속 졸고(?) 있는 여인을 어떻게 바라볼까요? 이 그림을 놓고 함께 의미 있는 수다를 나눌 만한 일입니다. 아, 그림 오른쪽 아래 빈자리는 당신 자리입니다.

겸손하고 순하게

프라 안젤리코, 〈수태고지〉

산 마르코 수도원

피렌체에 가면 산 마르코 수도원을 꼭 찾아갈 겁니다. 여기 가고 싶어 지도와 동영상을 몇 번이나 돌려 봤는지 모릅니다. 잠자리에 들어 이 건물 구석구석을 머리에 그려 보는 일이 그리도 즐거울 수 없습니다. 원래 도미니크회 탁발 수도원이지만, 지금은 국립 박물관으로 꾸며졌습니다. 사람들은 이곳을 두고 이탈리아에서 가장 평화롭고 아늑한 수도원이라고 극찬합니다. 세상의 소유물을 포기하고 오직 기도와 경건에 모든 걸 걸었던 이들의 공간은 안토니오의 뜰을 중심으로 회랑이 둘러선 2층 건물입니다. 1층 회랑 곳곳엔 메디치 가문의 수많은 문장과 도미니크 수도회 출신 고위 성직자와 성인들의 그림이 있습니다. 이걸로 이 건물이 누구를 위한 것인지, 누가 후원했는지 알 수 있습니다.

따사로운 햇볕 아래 조금 게으른 보폭으로 천천히 회랑을 걸어 보렵니다. 새소리도 경건하게 들릴 것 같아요. 걷는 내내 아름다운 프레스코 벽화들이 속삭이듯 곁을 지날 겁니다. 거기서 2층 작은 창문들이 보일 텐데 1400년대 수도사들이 기거하며 기도하던 방들입니다. 이곳엔 작은 방 44개가 복도 양편에 길게 이어져 있고, 방 안에선 프라 안젤리코가 그린 벽화가 진실하게 기도할 사람을 기다릴 겁니다. 정갈한 1층 회랑 끝 2층으로 이어진 계단에 오르면 그토록 만나고 싶던 프레스코 벽화가 기다릴 겁니다. 어떤 느낌일지 상상만 해도 가슴이 벅차오릅니다. 수도사들은 2층에 오를 때만 아니라 2층에서 1층 예배실과 식당에 가려고 하루에도 몇 번씩 이 그림을 지나쳐야 했을 겁니다. 다른 대성당 벽화와 달리 이 벽화는 실물 크기로 눈높이에 위치해서 코앞에서 감상할 수 있습니다. 계단을 오르기 시작하면서 벌써 눈이 휘둥그레질 겁니다.

수태고지

"기도하지 않으면 결코 붓을 잡지 않는다"던 프라 안젤

23

리코Fra Angelico(1390/95-1455)의 대표작 〈수태고지Annunciation〉입니다. 그림 속 천사와 여인이 서로 신비로이 인사합니다. 왼편 정원 나무 담장이 닫힌 것은 이 그림이 아직 남자를 알지 못하는 동정녀를 주제로 삼고 있다는 걸 암시하는 상징입니다. 복음서의 설명 그대로 천사 가브리엘이 예수님의 어머니 마리아에게 하나님의 아들을 낳을 것이라고 알립니다(눅 1:26-38). 여유롭고 고즈넉한 건물, 정원, 현관과 창문, 회랑이 보이는데, 이것들은 모두 방금 1층 회랑에서 보았던 실제 풍경입니다. 그림은 마치 마리아와 천사 가브리엘이 수도사들의 공간에 있는 것 같은 기시감을 들게 합니다. 이런 장치는 수도사들의 묵상을 깊고 풍성하게 만드는 역할을 했을 겁니다.

이 그림에는 흥미로운 대목이 한둘이 아닙니다. 만일 당신이 중세 수태고지 그림을 본 일이 있다면 뭔가 다르다는 것을 한눈에 발견할 겁니다. 우선 수태고지 그림마다 예상되는 상징물이 있을 텐데 여기에는 없는 게 많습니다. 순결을 상징하는 흰 백합이라든지, 아니면 경건을 상징할 성경이 마리아 무릎 위에 놓여 있다든지, 마리아를 높이기 위해 그녀가 앉은 자리가 멋진 교회 건물이라든지 황금의자라든지 하는 것들 말입니다.

안젤리코만 하더라도 수태고지로 남긴 대표작만 네 편인데, 산 마르코 수도원 작품을 제외한 다른 수태고지 그림엔 이런 장치들이 있습니다. 하지만 여기엔 없습니다. 산 마르코 수도원 벽화는 화려한 장식과 꾸밈, 상징을 최소한으로 줄였습

프라 안젤리코, 〈수태고지〉
1440-1445년, 프레스코화, 230×297cm, 산 마르코 수도원

니다. 가장 단순하고 소박하지만, 감상자가 스스로 생각하고 묵상하게 만드는 가장 종교적인 그림입니다. 아마 이 벽화를 감상하는 주요 대상이 평신도들이었다면 성서 교육을 위해 안젤리코도 그런 상징을 그려 넣었을 겁니다. 그 증거를 마드리드의 프라도 미술관에서 찾을 수 있습니다. 안젤리코가 그린 똑같은 수태고지 그림이 전시되어 있습니다. 다만, 프라도의 수태고지는 벽화가 아니라 교회 제단화로 제작되었는데, 거기엔 앞서 말한 상징들이 꼼꼼하게 들어 있습니다.

평신도를 위한 성서 교육은 제단화의 중요한 기능이지요. 프라도에 전시된 안젤리코의 작품은 그 기능에 충실합니다. 피렌체 벽화와 달리 왼편 상단 정원엔 천사가 아담과 하와를 에덴동산에서 추방하는 장면도 있고, 그 위엔 하늘의 성스러운 빛이 하나님의 손에서 뿜어져 나옵니다. 그 빛은 성령을 상징하는 비둘기와 함께 마리아에게 내려옵니다. 이런 요소를 꼼꼼히 그려 넣은 건 모두 성서를 읽지 못하는 평신도들을 위한 배려입니다.

프라도의 수태고지에 비해 산 마르코 수도원의 벽화는 단순합니다. 가능한 한 모든 상징물은 생략하고 단순함만 남깁니다. 상징물을 누락한 건 벽화 속 사건이 무엇을 뜻하는지 수도사들이 모두 알고 있어서일 겁니다. 이런 생략법은 오히려 장점이 있습니다. 하루에도 몇 번씩 이곳을 지나는 수도사들에게 나머지 이야기를 채울 수 있는 공간을 제공하고, 이로써 기도와 묵상에 도움을 줍니다.

프라 안젤리코, 〈수태고지〉
1435년경, 패널에 템페라, 154×194cm, 프라도 미술관

겸손과 순종

벽화를 좀 더 자세히 관찰해 봅시다. 어색한 구석도 보입니다. 15세기 초기 르네상스 그림이라 그런지 원근법이 완벽하지 않습니다. 마사쵸가 이 그림을 본다면 피식 웃었을 법합니다. 기둥과 거리를 계산해 보면 균형이 안 맞고, 건물과 공간에 비해 인물은 지나치게 큽니다. 마리아가 나무 의자에서 벌떡 일어나면 머리가 천장에 닿을까 싶을 정도입니다.

그래도 인상적인 건, 수태고지 장면이 경이로울 정도로 고요하고 엄숙하게 표현된다는 점입니다. 핑크빛이 감도는 옷을 입은 천사 가브리엘의 날개는 무지갯빛 찬연합니다. 그 천사가 단아한 나무 의자에 앉은 마리아에게 시선을 고정하고 몸을 굽힙니다. 서기 431년 에베소 공의회에서 마리아를 "신을 낳은 자Theotokos: Θεοτόκος"라고 선언한 이래로 중세 미술에서 마리아는 황후처럼 그려집니다. 그녀의 옷은 당시 은보다 비싼 염료 울트라마린의 푸른색으로 치장되고, 그녀가 앉은 의자는 주교만 앉을 수 있는 주교좌Cathedra나 왕후를 상징하는 황금 망토의 의자, 심지어 성체를 보관하는 제단이나 교회당이 마리아의 의자로 그려지기도 했습니다. 그런데 안젤리코가 그린 마리아의 의자를 보세요. 등받이도, 장식도 없는 소박한 나무 의자입니다. 마리아는 이 벽화에서 작은 고을의 신앙심 깊은 소녀, 그 이상도 그 이하도 아닙니다. 그런 평범한 여인이 하늘의 위대한 길로 사용됩니다. 수도사 안젤리코는 이 그림을 지나치는 모든 수도사가 그런 마음으로 기도하길 바랐던 것 같습니다.

보잘것없지만 순전한 신앙인 마리아에게 대천사 가브리엘이 가슴에 팔을 포개어 존경과 경건을 표합니다. 중세 수태고지 작품에 나오는 천사들의 모습과 참 다릅니다. 대개 천사는 백합이나 올리브 가지, 또는 긴 띠를 들고 찾아옵니다. 게다가 당시 사람들에게, 천사가 인간에게 인사한다는 건 상상도 할 수 없는 일이었습니다. 천사는 하나님의 말씀을 전하는 하늘의 대언자입니다. 그래서 언제나 사람보다 당당하고 단호한 모습으로 그려집니다. 하지만 여기 그려진 천사의 손엔 아무것도 들려 있지 않습니다. 그저 살짝 무릎을 굽힐 정도로 겸손과 순한 모습, 고요한 자세로 마리아 앞에 나타납니다. 천사의 옷은 이 수도원 수도사들이 입는 옷입니다. 그러고 보면, 천사가 취하고 있는 이 모습은 하나님의 종이라는 사람들이 가져야 할 겸손과 순종의 자세를 안젤리코가 보여 주는 것으로 읽을 수 있습니다.

마리아도 같은 모습으로 천사에게 경의를 표합니다. 이 동작 역시 그녀의 겸손과 복종을 뜻합니다. 마리아의 순결함은 울타리 친 정원*Hortus Conclusus*으로 상징됩니다. 그녀는 신성한 지위를 상징하는 파란색 옷을 입고 천사를 마주합니다.

하나 되게 하는 빛

2층 창문에서 들어오는 자연광이 그림 속 기둥과 천사의 등, 마리아의 배에 따사로이 비칩니다. 자연광과 그림 속 명암이 조화롭게 일치합니다. 건물의 기둥들은 안과 밖, 천사와 마리아 사이를 분리하지만, 빛은 모두를 하나로 연결합니다. 이로써 벽화를 감상하는 이들에게 하나님과 인간의 세계가 구분되어 있으나 동시에 하나라는 깨달음을 주는 것 같습니다. 그렇게 영적인 세계는 우리 세상 가까이 있습니다. 이 프레스코화는 단순히 미적인 목적만을 위해 제작되지 않았습니다. 벽화 하단 대리석을 가로질러 새겨진 라틴어 문장이 희미하게 보입니다. "*Virginis Intacte Cvm Veneris Ante Figvram Preterevndo Cave Ne Sileatvr Ave.*" 이는, 당신이 거룩한 동정녀 앞에 올 때마다 '아베*Ave*'라고 외치는 걸 게을리하지 않도록 주의하라는 뜻입니다.

아베. 인사 또는 문안을 이르는 라틴어지만, 공경 또는 찬미라는 뜻이 더 어울립니다. 이 짧은 문장에 이 프레스코화의 목적이 드러납니다. 하루에도 몇 번씩 이 앞을 지나는 수도사들에게 이 그림은 매일 기도와 찬미를 상기시킵니다. 매일 아침 2층 창에서 들어오는 빛은 이 그림을 더욱 신비롭고 따뜻하게 만듭니다. 수도사들은 이 그림을 신비롭게 마주했을 겁니다. 거기서 이어지는 수도사들의 기도와 묵상은 땅과 하늘을 이어 주는 통로가 됩니다.

피렌체에 갈 일이 있을까 싶습니다. 나중에 딸래미가 효도 관광이라도 시켜 준다고 하면 이곳에 가겠다고 으름장을 놔야겠습니다. 그러려면 오늘부터라도 딸래미 앞을 지날 때마다 기도와 찬미를 소리 높여 올려야겠습니다.

속된 것의 역설

알브레히트 뒤러, 〈기도하는 손〉

감동적인 사연?

알브레히트 뒤러Albrecht Dürer(1471-1528)의 〈기도하는 손〉.
이 그림을 한 번도 본 적 없는 사람이 몇이나 될까요? 이 작품만
큼 오랜 세월 사랑받는 작품도 드물 겁니다. 원래 명작이기도
하지만, 거기에 가산점이 붙은 건 감동적인 설화 때문일 겁니
다. 인터넷에 이 작품의 유래를 설명하는 많은 이야기가 떠도는
데 대개 이렇습니다.

뒤러와 그의 친구 프란츠 크닉슈타인은 미술을 공부하고 싶었
지만, 태생적으로 가난했다. 그래서 한 사람이 고향에서 일과

알브레히트 뒤러, 〈기도하는 손〉
1508년, 푸른 종이에 잉크, 29.1×19.7cm, 알베르티나 박물관

기도로 지원할 동안 다른 한 사람이 학업 과정을 걷고, 성공한 후 돌아온 뒤에는 서로 역할을 교대하기로 굳게 약속했다. (어떤 버전에 따르면, '동전 던지기'를 해서 역할을 정했다고 한다.) 퍽 오랜 후, 뒤러가 대성하고 귀향하여 자신을 후원해 온 친구 프란츠의 집을 찾아가 유리창을 들여다보니 그날도 친구 프란츠가 노동으로 거칠어진 두 손을 모아 친구의 성공을 빌고 있었다. 뭉클한 감동에 눈물이 솟구친 뒤러가 "자, 이젠 네가 공부하러 갈 차례야"라고 말했지만, 프란츠는 고개를 저으며 "그동안 노동을 하다 보니 그림 솜씨도 많이 줄고 손도 거칠어졌다. 이제 새삼 공부를 해선 뭘 하나? 다만 네가 성공한 것으로 만족하련다"라고 대답했다. 친구의 말에 뒤러는 눈물을 흘렸고, 조금이라도 보답하는 심정으로 프란츠의 기도하는 거친 손을 길이 기념하려고 이 그림을 제작했다.

어떤가요? 꽤 감동적이지 않나요? 교회 부흥회나 설교 시간에 등장하는 단골 예화 중 하나입니다. 그런데 이 이야기는 근거 없이 가공되고 조작된 엉성한 설화입니다. 역사적으로, 뒤러의 가정은 독일 뉘른베르크에서 성공한 금세공업자였고, 아버지는 당시 최고의 벤처 사업으로 유망한 인쇄소를 독일에만 24개나 경영하고 있을 만큼 대사업가였습니다. 그런 부잣집 아들이 학비를 댈 수 없을 만큼 가난했다? 이건 앞뒤가 맞지 않습니다. 그러면 왜 이렇게 가짜 이야기가 위세를 떨칠 수 있었던 걸까요? 그건 아마도 이야기꾼들에게 "기도하는 손"이라는 제목이 붙은 이 작품이야말로 종교적 감동을 만들어 내는 데 더없이 좋은 소재였기 때문일 겁니다. 하지만 분명한 것은, 16세기 독일의 3대 화가 가운데 한 명으로 꼽히는 뒤러는 가난과는 거리가 먼 인물이라는 점입니다. 누군가 그러더군요. 그동안 감동하며 보았던 그림인데 전후 사정을 듣고 보니 김빠진다고요. 음, 미리부터 그렇게 실망할 필요는 없습니다.

기도하는 손과 뒤러

〈기도하는 손〉은 프랑크푸르트 귀족의 요청으로 만들어졌는데, 원래 도미니크 수도회 소속 성당 제단화를 만들기 위해 그린 밑그림 여러 장 가운데 하나입니다. 그런데 이 제단화가 1614년 바이에른의 막시밀리안 왕가에 팔린 후에 1729년 뮌헨 궁전 화재로 전소되었기 때문에 정확히 어떤 작품인지 알 길이 없습니다. 그저 세 폭 제단화Triptychon였을 것으로 추측만 할 뿐입니다. 제단화 전체에는 천국과 성인들을 담았는데, 총 18장의 밑그림이 사용되었고, 그중 9장만 오스트리아 비엔나 알베르티나 박물관에 보존되어 있다고 알려져 있습니다.

여하튼, 〈기도하는 손〉의 주인공은 뒤러의 뒷바라지를 하다가 손에 옹이 박힌 친구가 아닌 건 분명합니다. 이 손은 '사도의 손'을 그린 것으로 추정되는데, 실제 모델은 뒤러 자신의 손입니다. 작품을 잘 관찰해 보세요. 저 손은 절대로 노동하는 손이 아니에요. 손목에 살짝 보이는 옷매무새도 노동자의 것이라고 볼 수 없어요. 뒤러의 손이라는 결정적인 증거가 있는데 그것은 1504년에 그린 자화상입니다.

천재 뒤러

뒤러의 〈기도하는 손〉을 조사하다가 새로 알게 된 것이 참 많습니다. 그림 자체보다 더 흥미로운 건 뒤러라는 인물이에요. 이분은 정말 연구 대상이에요. 한마디로 정리할 수 없는 인물입니다. 르네상스 미술을 대표하는 천재가 몇 명 있긴 한데, 이 형님에 필적할 만한 사람을 꼽으라면 열아홉 살 형뻘인 레오나르도 다 빈치 정도나 될까 싶습니다. 어떤 면에서는 그를 능가하기도 합니다.

예를 들면, 뒤러는 그림이나 판화를 예술의 경지로 끌어올렸다는 평판에 머무를 만큼 단순한 미술인이 아닙니다. 이탈리아의 회화 이론을 배워 알프스 이북(독일, 네덜란드 등)에 전파한 인물이었고, 후에는 예술 이론가로, 길드 조직의 관행을 깨뜨린 개혁자로, 실용 수학과 응용 기하학의 선도 주자로 자리매김한 인물입니다. 오죽하면 근대 천문학의 아버지 요하네스 케

알브레히트 뒤러, 〈자화상〉
1500년, 라임우드에 유채, 67.1×48.9cm, 알테 핀나코테크

플러Johannes Kepler가 1605년 친구에게 보낸 편지에서 "행성의 완전한 궤도는 뒤러가 그의 책에서 '달걀모양'이라고 불렀던 바로 그 타원이다. 아주 정확히 일치한다"라며 기함했을까요? 게다가 투시도를 이용한 계측 기법을 인체와 건축에 적용한 이론서를 출판하기도 한 아주 특이한 이력의 천재입니다.

또 하나, 잘 알려지지 않은 사실이지만 뒤러는 세계 최초의 풍경화 화가로도 꼽을 수 있습니다. 정확히 말하면, 사람이 등장하지 않고 자연 풍경만을 그린 순수 풍경화의 시조라고 할 수 있습니다. 그래서 미술사에서는 1490년 뒤러의 풍경화를 두고 예술 이념의 근본적 전환이자 역사적 사건으로 규정하기도 합니다. 인물이 나오지 않는 풍경화의 등장은 곧 "자연이 인간에게서 독립했다"라는 대선언과 같아서 뒤러가 바로 이런 세계관의 전환을 시작했다는 평가입니다.

속어와 개혁

뒤러가 인생 후반부로 가면서 루터의 종교개혁에 상당한 관심을 두었고, 루터를 재정적으로 후원하는 지지자였다는 것도 잘 알려진 사실입니다. 그는 루터와 직접 만나지는 않았지만, 서신을 교환하면서 루터가 책을 쓰기도 전에 선금을 주고 책을 정기 구독했다는 이야기, 루터를 만나면 꼭 그의 초상화를 그려 주겠다고 장담했다는 일화는 유명합니다.

　　그런데 제가 뒤러를 뒤적거리다가 매료된 지점은 다른 곳에 있습니다. 시대상과 관련이 있어요. 요즘은 맛집이라고 하면 기자들이 벌집 쑤시듯이 찾아가서 취재하지만, 결정적인 요리 비법이나 양념의 비밀 같은 건 "며느리도 안 알려 준다"면서 숨기는 걸 우리는 잘 압니다. 뒤러가 살던 16세기는 더 했습니다. 예술가든 건축가든 자기들만의 길드를 조직해서 기술 비법을 내부에서만 공유했는데, 그 기술을 누설하지 않는 것이 상례였습니다. 예를 들면 15세기 피렌체 산타 마리아 델 피오레 성당 건축도 그래요. 이 성당의 돔 모양 지붕은 당시 일반적인 건축 기술로는 불가능합니다. 그런데 이걸 필리포 브루넬레스키 Filippo Brunelleschi(1377-1446)가 보기 좋게 건축해 버립니다. 여기에는 시대를 초월하는 각종 신기술이 도입되었는데, 이 모든 것은 브루넬레스키만의 비법이어서 누구에게도 전수하지 않았다고 합니다. 심지어 그는 사적인 메모도 자기만 판독할 수 있는 암호를 사용했다고 합니다.

　　이런 비밀주의로 유명한 사람이 또 한 명 있는데, 우리가 잘 아는 레오나르도 다 빈치예요. 지식과 기술을 독점하고 비밀에 부치는 일은 당시 아주 흔한 일이었습니다. 그런데 이것을 뒤러가 깨뜨립니다. 어떻게? 그는 당시 지식과 권력의 상징이던 라틴어를 한마디도 배운 적이 없었던 '무식쟁이'(스스로 그렇게 말한다)였지만, 모국어지만 속된 언어라고 천시하던 독일어를

사용해 그때까지 비밀에 부쳐진 회화, 건축, 투시, 수학, 측정 등의 이론서를 펴내기 시작합니다.[2]

　　이게 무서운 거예요. 왜냐하면 당시에 라틴어가 아닌 속어俗語를 사용하는 건 자기 자신을 무식쟁이로 드러내는 용감무쌍한(?) 일로 꼽혔는데, 독일어라는 그 천한 평민의 언어로 권력 사회 지식 보따리를 찢어 버린 겁니다. 그와 비슷한 일을 한 인물이 있는데, 바로 종교개혁자 마르틴 루터예요. 그도 독일어를 부끄러워하지 않고 독일어를 무기로 개혁을 일으킨 인물입니다. 그의 독일어 신약성서 번역(1521)이 그래서 유명합니다. 뒤러와 루터가 코드가 맞아서일까요? 둘은 서로 다른 개혁의 마차에 올라선 마부로 역사에 자리매김하게 됩니다.

두 손 모은 교회

　　역사를 공부해 보면 참 묘합니다. 권력자들이 소유한 독점적 지위가 허망하게 무너진 때를 보면, 가장 천하고 약하다며 거들떠보지 않던 것 때문인 경우가 참 많습니다. 탱탱하게 부푼 풍선에 바늘 하나 톡 찌르면 금세 바람이 빠지는 것과 같아요. 그 단단하던 중세의 벽을 무너뜨린 가장 강력한 무기 중 하나가 그 천한 '속어'였다는 건 역사가 우리에게 가르치는 위대한 역설입니다. 우리가 속되다고 하는 것, 약하다고 깔보는 것이 실은 가장 강한 무기가 되곤 합니다. 국가의 역사나 사회 체계, 교회의 흥망성쇠도 비슷합니다. 특별히 그리스도의 몸인 교회는 속되다고 무시당하는 사람들의 쉼터이고 안전 공간입니다. 이들을 우습게 여기다가 교회는 교회로서의 정체성을 상실하고 맙니다. 반대로 이들의 삶을 다독이며 손잡아 일으키고, 이런 세계를 소망하며 기도하며 두 손 모을 때 비로소 교회는 교회가 되고, 그토록 소망하는 하나님의 나라를 이 땅에서 보게 될 것입니다. 〈기도하는 손〉 이야기하다가 삼천포로 빠졌네요.

세상의 모든 마리아를 위하여

로저 반 데르 바이덴, 〈방문〉

누가복음에는 그리스도의 탄생과 관련된 이야기가 많습니다. 그중 하나가 임신한 마리아와 그의 사촌 엘리사벳의 만남입니다. 이 그림은 네덜란드 화가 반 데르 바이덴의 1445년 작품 〈방문The Visitation〉입니다. 여기 두 여인이 만납니다. 긴 여행 끝에 찾아온 사촌 마리아를 배웅하러 언덕 꼭대기 집에서 엘리사벳이 달려 나온 것처럼 보입니다.

예술가의 상상

성경에는 없는 작은 이야깃거리들이 이 그림에 숨겨져

로저 반 데르 바이덴,〈방문〉
1445년경, 패널에 유채, 58×36cm, 라이프치히 조형예술 박물관

있습니다. 왼쪽 마리아가 서 있는 뒤편의 배경은 탁 트인 시골이고, 오른쪽 엘리사벳 뒤엔 언덕 위 집이 보입니다. 시골길을 가로질러 언덕까지 이르는 길이 보입니다. 이것으로 작가는 마리아가 어떤 험한 여정을 달려왔는지 보여 줍니다.

　　누가복음을 조금만 읽어 보면 이 두 여인의 차이를 알 수 있습니다. 한 사람은 결혼하지 않았고, 다른 한 사람은 결혼한 지 오래되었습니다. 결혼하지 않은 마리아의 적갈색 머리는 등 아래까지 흘러내리고, 결혼한 엘리사벳은 머리카락을 보이지 않게 천으로 가렸습니다. 성경에는 없는 내용이고, 1세기 유대인에게도 낯선 모습입니다. 이는 순전히 15세기 플랑드르 지역의 오래된 풍습입니다. 화가는 자기가 살던 지역의 오랜 풍습을 성경 이야기에 덧입혀 이야기를 더 풍성하게 만듭니다. 그래서 이 그림은 플랑드르 사람들에게 오래된 성경 이야기인 동시에 자기네 이야기처럼 친근하게 느껴졌을 겁니다.

　　그림에서 마리아는 완숙한 여인으로 보이지만, 실제로는 아주 어렸을 겁니다. 유대인의 문화를 고려하면 마리아는 고작 열두 살, 아니면 적어도 청소년 티를 벗지 못한 앳된 소녀였을 겁니다. 이에 비해 엘리사벳은 중년을 넘어선 주름 가득한 여인입니다. 언덕 꼭대기에는 엘리사벳과 남편 사가랴가 살고 있는 집이 보입니다. 성전 제사장 사가랴의 신분을 나타내듯 그 집은 언덕 위에 늠름하게 서 있고, 그 앞에 아주 작게 제사장 사가랴가 보입니다. 그 옆엔 충성과 신실함을 상징하는 개가 서 있습니다. 집을 유심히 살펴보면 정문 한쪽이 열려 있어서, 누구라도 환영할 듯한 교회 같은 인상을 줍니다. 마리아 뒤에 펼쳐진 풍경도 퍽 정갈합니다. 잘 정돈된 밭에서 성실하게 일하는 사람들의 모습이 보입니다.

이것들은 모두 복음서에는 나오지 않는 내용입니다. 하지만 예술가들이 이런 방식으로 성서 사건에 상상력을 동원하는 일은 일반적입니다. 풍성한 이해를 위해 반 데르 바이덴은 1,500년 전 건조한 유대 구릉지를 15세기 질서 정연하고 번성했던 네덜란드 풍경으로 바꿔 놓습니다. 과거의 사건이 오늘 이 자리에서 의미를 갖게 만드는 방식입니다.

두 여인의 만남

개인적으로 인상적인 대목은 두 여인이 만나 서로 축복하는 방식입니다. 두 사람 모두 임신한 상태입니다. 손을 뻗어 배 속에 있는 아이를 느끼고 서로를 위해 축복합니다. 우리도 이렇게 서로 간의 친교 가운데 사람 안에 숨겨진 귀한 존재를 상호 인식하고 서로 축복하는 훈련이 필요합니다.

그림에서 엘리사벳은 살짝 몸을 구부려 자신이 하나님의 거룩한 아들 앞에 있음을 인정합니다. 마리아도 엘리사벳의 몸에서 움찔거리는 아기의 움직임을 감지합니다. 이 아이가 후에 주님의 길을 예비하는 마지막 예언자 세례자 요한이 될 것입니다. 여기서 옷의 색감은 인물의 특성을 드러냅니다. 진한 군청색은 마리아의 성스러움과 정결을 상징하고, 엘리사벳의 붉은 옷감은 그의 아들이 순교할 것을 미리 보여 줍니다. 이 두 여인의 만남은 나중에 세례 요한과 그리스도의 만남으로 이어질 것입니다. 그렇게 이 여인들을 통해 하나님 나라의 길이 열립니다. 그러니 이 두 여인은 참으로 복 받은 사람들입니다.

현실과 운명

하지만 다시 생각해 보면, 두 여인의 처지는 측은하기 짝이 없기도 합니다. 엘리사벳은 희망을 포기한 상태였습니다. 어디를 가든 자기를 측은하게 바라보는 눈빛, 자신을 두고 수군거리는 소리, 이 모든 게 이젠 생활의 일부가 되어 버렸고, 그냥 그렇게 평생 살다 갈 줄 알았습니다. 매번 사람들이 묻습니다. "애를 안 갖는 거야, 아니면 안 생기는 거야?"

묻는 사람은 아무렇지도 않게 말하지만, 듣는 사람은 심장에 바늘이 꽂히는 것 같습니다. 그 말 뒤엔 언제나 '아이 못 낳는 여자'라는 복선이 깔리기 마련입니다. 하지만 이젠 그 질문이 바뀌어 버렸죠. "애를 안 가졌던 거야, 아니면 안 생겼던 거야?" 아이가 생기자마자 사람들의 질문은 이렇게 현재형에서 과거형으로 바뀌어 버립니다. 하지만 여전히 불편하긴 마찬가지입니다.

여기 희망을 포기한 여인이 또 있습니다. 마리아 역시 희망을 포기한 상태입니다. 어디를 가든 자기를 불쌍하게 바라보는 눈빛, 자기를 두고 수군거리는 소리, 이 모든 게 점점 커지면서 그만큼 사람 만나기가 무서워졌습니다. 사람들은 매번 이렇게 묻습니다. "너, 어쩌다 애를 가졌어? 앞으로 어쩌려고 그래?" 그런 소릴 들을 때마다 앞날이 두렵고 막막합니다. 잘못한 것도 없는데 사람 모인 곳을 자꾸만 피하게 됩니다. 하지만 그 아픔은 이제 시작일 뿐이었죠. 그 누구도 사정을 이해해 주거나 공감해 주는 사람이 없었습니다. 아직 어린 소녀였기에 미혼모라는 수군거림을 감당하기엔 벅찹니다. 천사가 마리아에게 "아들을 낳을 것"이라고 전한 소식은 이리도 가슴 아픈 미래의 예고편입니다.

두 사람이 만났을 때, 한 사람은 평생 가슴 졸이던 모든 짐이 과거로 넘겨졌고, 다른 한 사람은 또 다른 짐이 이제 막 시작되는 순간입니다. 두 사람이 같은 공간, 같은 시간에 함께 있지만, 서로의 처지는 완전히 다릅니다. 그러나 이보다 더 중요한 점은 두 사람이 서로 만나 처지를 확인한 순간, 이제껏 드리워 있던 어두운 그늘이 두 사람 모두에게서 벗겨졌다는 사실입니다.

모든 마리아의 찬가와 교회

그리고 이것을 가능하게 만든 건 다름 아닌 천사를 통해 전해진 말씀입니다. "하나님의 모든 말씀은 능하지 못하심이 없느니라"(눅 1:37)라는 하늘의 선언이 이 만남 가운데 주어집니다. 그렇게 두 여인은 서로의 모습을 확인하며 하나님의 역사 한가운데 서 있음을 깨닫게 됩니다. 이때 드디어 마리아는 "마리아의 찬가"라는 노래를 힘차게 찬송하기 시작합니다.

> 내 영혼이 주를 찬양하며 내 마음이 하나님 내 구주를 기뻐하였음은 그의 여종의 비천함을 돌보셨음이라. 보라, 이제 후로는 만세에 나를 복이 있다 일컬으리로다. (눅 1:46-48)

그런데 이 찬송이 저에겐 마리아의 독창이 아니라 합창으로 들립니다. 마리아 같은 처지에서 냉가슴을 앓던 모든 여인, 아브라함의 아내 사라, 라헬, 레아, 나오미와 룻, 엘리사벳의 합창이 바로 "마리아의 찬가"가 아닐까요?

누가복음 1장 46절 이하에 나오는 마리아의 찬가를 한 구절씩 묵상해 보시길 바랍니다. 거기에는 2천 년 전 사람들의 이야기가 아니라, 바로 오늘 우리의 이야기, 내 이웃들의 서러운 이야기가 담겨 있습니다. 그리고 마리아의 찬가는 바로 그 서러운 사람, 억울한 사람, 외로운 사람들에게 하나님이 '은혜'

를 베푸신다고 노래합니다.

성공회 대주교 로완 윌리엄스Rowan Williams는 이렇게 말합니다. "가장 가난한 사람이 가장 좋은 것을 받아야 마땅합니다. 성탄과 그날의 복된 소식이 우리에게 가장 분명하게 전하는 내용이 바로 이것입니다."[3] 그의 말대로 하나님의 눈에는 가장 가난한 자가 가장 좋은 것을 받아야 마땅합니다. 단지 경제적으로 가난한 사람을 지칭하는 게 아닙니다. 마리아처럼, 엘리사벳처럼, 사라처럼, 라헬과 한나, 나오미와 룻처럼 냉가슴을 앓고 마음이 상한 자가 가장 좋은 위로를 받아야 마땅합니다.

무슨 자격이 있어서가 아닙니다. 모든 사람이 그렇게 하는 것이 옳다고 생각하기 때문도 아닙니다. 가장 가난한 자, 가장 마음이 상한 자, 가장 극심한 우울증을 겪고 있는 사람이 가장 좋은 것을 받아야 하는 이유가 있습니다. 하나님은 우리가 처한 비극의 심연을 살피시고 그 어두운 곳, 포기와 절망의 늪에서 그분의 능력이 흘러넘치게 하시기 때문입니다. 이것이 바로 '은혜'라는 말의 뜻입니다.

교회가 바로 이런 것 아닐까요? 서로 다른 처지의 사람들이 만나 그리스도 안에서 쉼과 용기를 얻고 희망을 만들어 가는 모임, 서로의 삶을 통해 하나님의 능력을 확인하고 서로 힘이 되는 만남. 이것이 바로 우리가 꿈꾸는 교회의 모습입니다.

가장 낮은 곳으로

렘브란트, 〈목자에게 나타난 천사〉

하늘 땅 빛 어둠

빛의 화가로 불리는 렘브란트의 1634년 동판화입니다. 〈목자에게 나타난 천사〉라는 작품인데, B4 용지 정도밖에 되지 않는 작은 크기지만, 강렬한 명암 대비 탓에 오페라 무대가 앞에 펼쳐진 느낌도 듭니다. 예리한 침으로 동판을 긁어내고 그 위를 부식시키는 에칭 기법은 빛과 어둠을 극적으로 표현하는 훌륭한 방법입니다. 누가복음 2장 8-14절이 배경입니다. 목자들이 일과를 마치고 어둠이 깔린 들판에서 쉬고 있습니다. 그때 하늘에서 천사들이 나타나 그리스도의 탄생을 알립니다. 렘브란트는 천사가 나타난 그 찰나를 플래시를 터트리며 사진을 찍

렘브란트, 〈목자에게 나타난 천사〉
1634년, 동판화, 25.9×21.8cm, 뮌헨 국립 그래픽아트전시관

듯 담아냅니다.

　긴장이 완전히 풀린 시간, 지친 몸에 졸음이 쏟아지는 시간에 하늘이 열리며 강한 빛 가운데 천군 천사가 갑자기 나타납니다. 이 기이한 현상에 사람 동물 할 것 없이 모두 얼어붙거나 혼비백산합니다. 강한 빛이 하늘에서 비치자 환상인지 아닌지 분간하기 힘들고, 시간은 순식간에 정지돼 버립니다.

　렘브란트는 시간을 정지시키면서 하늘과 땅을 대각선으로 갈라놓습니다. 하늘과 땅은 차원이 다릅니다. 서로 하나가 될 수도 없습니다. 그런데 이 그림에서 하늘과 땅이 그리 멀게 느껴지지 않는 건, 빛이 둘을 하나로 이어 주기 때문입니다. 하늘은 빛을 내고, 땅은 그 빛을 오롯이 수용합니다. 언덕 위 나무들이 그 빛을 강렬하게 받아 내는 탓에, 나무도 살아 움직이듯 반응하는 것 같습니다. 그런데 자세히 보니, 하늘과 언덕 사이에 강도 보이고, 강 건너 어렴풋이 마을도 보입니다. 그곳에서도 빛이 새어 나옵니다. 어슴푸레. 하늘의 광원과 목자의 땅을 밝히는 빛과 비교하면 마을에서 나는 빛은 어떤 것도 밝히지 못할 만큼 힘이 없고, 이 사건과 동떨어진 세상으로 보입니다.

목자에게 임한 성탄 소식

　여기서 생각해 봅시다. 그리스도의 탄생 소식이 왜 하필 목자들에게 전해졌을까요? 저기 마을의 힘센 왕이나 거룩한 성전의 대제사장들에게 나타났더라면 홍보 효과는 더 확실하지 않았을까요? 고위 관리나 지식인들에게 먼저 전해졌더라면? 적어도 유대교 최고 법원 역할을 하던 산헤드린의 임원들에게 나타났더라면? 그들 모두 나름대로 메시아가 오실 것을 기다리고 믿었던 사람들입니다. 천사가 그들에게 먼저 나타났더라면 그리스도의 탄생은 극진하게 축하받지 않았을까요?

하지만 그리스도의 탄생은 안정적인 삶을 사는 마을이 아니라 저 너머 예상치 못한 장소에 전해집니다. 이 소식은 잘나가는 사람들을 위한 소식이 아닙니다. 그분의 소식은 가난하고 연약하며 기댈 곳 없는 사람들에게 가장 먼저 전해집니다. 그 상징이 바로 '목자'입니다.

목자는 유대인 사회에서 천대받던 직업군입니다. 상식적으로 생각해 보세요. 유대인 사회에서 양은 필수품입니다. 고기와 옷감, 성전에 바칠 제물로 꼭 필요한 동물입니다. 하지만 이런 양을 기르자면 하루도 빠짐없는 노동이 요구됩니다. 안식일이라고 예외를 둘 수 없습니다. 그런데 문제가 있지요. 유대인 사회에서 양은 필요하지만, 율법 중의 율법인 안식일도 지켜야 합니다. 그런데 안식일에도 누군가 양은 돌봐야 합니다. 그렇다면 누가 돌봐야 할까요?

안식일을 안/못 지키는 목자

안식일도 지키고 양도 돌보고, 이 두 요건을 다 만족시킬 방법은 없을까요? 양을 기르자니 안식일을 못 지키겠고, 안식일을 지키자니 양을 못 기릅니다. 그래서 나온 해법이 유대인 사회에서 가장 가난하고 힘없는 사람, 안식일 준수보다 입에 풀칠하는 게 더 시급한 사람을 고용해 양을 맡기게 됩니다. 그들은 일주일 내내 꼬박 양에게 붙어 있어야 했고, 그 덕에 일반인들은 안식일을 지킬 수 있게 됩니다. 문제는 목자들이지요. 그들은 안식일도 '못' 지키는, 아니 '안' 지키는 죄인, 율법을 거스르며 사는 부정한 사람으로 몰리게 됩니다.

실제로 유대인 사회에서 목자들은 교육도 제대로 받지 못하고 임금도 낮은 하층 노동계급인 경우가 대부분이었다고 합니다. 안식일에 일해야 생계가 가능한 직업군입니다. 그런데 참 우습지요. 하나님의 선민이라고 자랑하며 사는 사람들이 하나님의 율법을 지키겠다면서 자기들 사회에서 가장 가난한 사람들을 죄인으로 만들어 버립니다. 바리새인들의 율법주의가 팽배할수록 목자들은 이전보다 더 멸시당하게 됩니다. 유대 사회에서 목자는 믿음이 없고 부정직하고 구제받지 못할 자로 낙인찍혀 버립니다. 그런 사회에서 살다 보니 목자들 스스로 사회에서 버림받은 사람, 이젠 아무런 희망이 없는 자들로 비관하며 살았을 것입니다.

성탄의 복음

이처럼 힘없이 내몰린 사람에게 하늘의 빛이 임합니다. 그리스도의 복음이 가난하고 상하고 연약하고 버림받은 사람에게 주어집니다. 복음은 바로 이런 것입니다.

하나님께서 세상의 미련한 것들을 택하사 지혜 있는 자들을 부끄럽게 하려 하시고, 세상의 약한 것들을 택하사 강한 것들을 부끄럽게 하려 하시며, 하나님께서 세상의 천한 것들과 멸시받는 것들과 없는 것들을 택하사 있는 것들을 폐하려 하시나니, 이는 아무 육체도 하나님 앞에서 자랑하지 못하게 하려 하심이라. (고전 1:27-29)

지금 당신은 어떤가요? 기댈 곳이 없습니까? 더는 희망이 없나요? 나를 받아 줄 사람이 없다고 생각하나요? 천사의 소식이 당신에게 전해집니다. 이 소식에 깜짝 놀라 얼어붙을 수도 있고, 환상으로 치부하며 믿지 않을 수도 있겠지만, 사실입니다. 목자뿐 아니라 바로 당신과 우리 모두에게 주시는 구원의 소식이 그리스도의 탄생입니다. 그리스도가 태어나신 베들레헴 마구간으로 달려가 확인해 봅시다! 하늘 빛이 강 건너 목자들을 비추고, 우리를 그곳으로 달리게 만듭니다. 그 빛은 마을에서 나는 희미한 빛이 아닙니다.

신뢰하는 삶

헤리트 반 혼토르스트, 〈어린 시절 그리스도〉

헤리트 반 혼토르스트Gerrit van Honthorst(1592-1656)는 17세기 네덜란드 회화를 대표하는 거장입니다. 1592년 위트레흐트에서 태어난 그는 원래 양탄자 밑그림을 그리는 화가였습니다. 그가 로마에서 공부할 때 카라바조 화풍에 큰 영향을 받았는데, 빛과 어둠의 대비를 그의 작품에서 중요한 요소로 사용하는 건 바로 이런 이유 때문입니다. 빛과 어둠의 대비와 혼용은 혼토르스트 작품에서 매우 두드러집니다. 빛과 어둠은 미술적인 기능만 하는 건 아닙니다. 빛과 어둠은 예술뿐 아니라 지성과 문화, 철학과 심지어 영적 존재를 표현하거나 파악하는 데 사용되고, 신앙을 강화하고 밝히는 수수께끼 같은 매체로도 작동합니다. 혼토르스트에게 어둠은 신앙의 빛을 깨우치고 강화하는 신비

헤리트 반 혼토르스트, 〈어린 시절 그리스도〉
1602년, 캔버스에 유채, 137×185cm, 에르미타주 미술관

한 매개체라서 그의 작품에 담긴 어둠은 '신성한 어둠'이라고 할 만합니다.

어린 시절 그리스도

빛과 어둠이 만들어 내는 아름다움은 그의 작품 〈어린 시절 그리스도〉에서 우아하게 표현됩니다. 맨 오른쪽에는 하늘거리는 커튼과 푹신한 날개를 가진 두 어린 천사가 서 있습니다. 그들의 몽환적인 태도는 우리를 더 높은 세계로 이끌고, 작은 손가락은 그들 앞에 놓인 장면으로 우리를 안내합니다. 어둠이 드리운 왼편에 노인 요셉이 서 있습니다. 그의 얼굴을 보세요. 은은하게 물결치는 은백색 머리카락과 주름진 이마는 쉽지 않았던 그의 인생 여정을 암시하는 것 같습니다. 하지만 정을 바라보는 반짝이는 눈과 굳건한 손은 흔들리지 않습니다. 소매를 걷어 올린 요셉은 견고한 도구로 나무판에 무언가를 조각하며 집중합니다. 어찌 보면, 단순한 집중이 아니라 추억을 떠올리는 모습 같기도 합니다.

아이가 든 촛불이 그림 중앙에서 모두를 비춥니다. 어린 예수가 들고 있는 작은 촛불이 작업실뿐 아니라 아비의 마음과 정신까지 밝힙니다. 주름 잡힌 아이의 빨간 옷은 하늘 아버지를 향한 숭고한 정신과 어린아이같이 순수한 사랑 또는 미래의 순교를 암시합니다. 손의 배치를 보세요. 들어 올린 망치와 아이의 손목 아래 나무 위 굵은 못(정)은 그리스도의 고난과 십자가 죽음을 연상시킵니다. 그곳에서 빛으로 오신 그리스도는 온 세상 가득한 모든 어둠을 몰아내실 것입니다. 그림에서 가장 밝게 빛나는 부분은 아이의 얼굴입니다. 이는 그리스도가 이루실 구원 계획을 더욱 돋보이게 합니다.

요셉

이 그림의 분위기는 고요하고 평온합니다. 그러나 이 고요함은 묵상할수록 다른 맛이 우러납니다. 이제 요셉을 주목해 봅시다. 그림 한 장이 천 마디 말보다 낫다고들 합니다. 하지만 천 장의 그림과 백만 마디 말로도 침묵이 언어였던 요셉의 위대함을 설명할 수 있을까 싶습니다. 우리는 요셉이 남긴 말을 한 마디도 알지 못합니다. 실제로 요셉은 예수님의 탄생 기사에서 중요한 역할을 하지만, 그의 직접적인 발언은 성경 어디서도 찾을 수 없습니다(참조. 마 1:18-25; 2:13-15; 눅 2:1-52).

눈을 감고 요셉을 상상해 봅시다. 무엇이 보이나요? 미술 전공자들이라면 흰 수염이 멋드러진 얼굴에 녹색과 갈색 옷을 입고 백합을 들고 있는 노인의 모습을 떠올릴 것이고, 그렇지 않다면 구유 한쪽 구석에 경건하게 앉아 빛나는 아기를 응시하는 요셉을 상상할 수도 있을 겁니다. 어떤 사람은 꿈꾸는 사람으로, 또 어떤 이는 침상에서 천사를 만나는 친숙한 인물로 연상할 겁니다.

그런데 흥미롭게도 교회가 로마제국의 공인(주후 313년)을 받기 전, 초기 기독교 예술에 요셉은 거의 등장하지 않습니다. 추측하기로는, 그리스도의 신성과 동정녀 탄생을 강조하려는 초기 교회의 노력과 관련이 있을 겁니다. 그렇게 은둔해 있던 요셉이 5세기 로마의 산타 마리아 마조레 대성당에서 드디어 모습을 나타냅니다. 요셉은 이곳 개선문[4]에 다섯 번이나 묘사되는데, 흥미롭게도 마리아에게 봉헌한 이 교회에서 마리아보다 더 많은 등장 횟수입니다. 그 후로 한 세기가 지나자 요셉은 라벤나의 산 비탈레 성당에 다시 등장합니다. 이런 화려한 등장은 교회 전례와 교인들의 삶에서 그의 중요성이 점차 커졌다는 암시이기도 합니다.

교회와 국가의 관계가 변하면서 요셉은 예술가들 사이에서 새로운 생명을 얻습니다. 교회가 힘을 얻자 요셉은 예수의 어린 시절을 풍성하게 만드는 만능 도우미가 됩니다. 불을 지피고, 산파를 찾고, 기저귀를 말리고, 죽을 끓이고, 목자들을 맞이하고, 갓 태어난 아기를 돌보는 모습으로 그려집니다. 기독교 예술 초기만 해도 조용하게 침묵하던 요셉이 매우 분주하고 세심하며 자상한 인물로 묘사됩니다.

교회에서 더욱 적극적으로 요셉의 역할을 강조하며 예

술 작품에 빈번하게 등장한 계기는 12세기 초 클레르보의 베르나르Bernard de Clarivaux가 '마리아의 남편'의 중요성을 설교하면서부터라고 알려집니다. 그는 나이 든 요셉의 이미지 대신 덕스럽고 자제력을 지닌 사려 깊은 영웅으로 요셉을 제안합니다. 이런 분위기를 타고 14세기 중반에 이르면, 요셉은 베드로의 상징인 파란색과 노란색 옷을 입은 모습으로 표현되기도 합니다.

16세기 르네상스와 종교개혁은 여러모로 요셉의 등장을 부추깁니다. 인문학과 과학의 발전, 신대륙 발견, 프로테스탄트의 등장은 기존 교회에 대한 불신을 부추겼지만, 예술가들에겐 오히려 정반대 결과물을 낳게 했습니다. 분쟁이나 갈등 대신 따스한 가정, 일명 성聖가족의 이미지가 이때 쏟아져 나옵니다. 이와 더불어 가톨릭에선 미지의 세계를 향한 스페인의 선교가 불붙게 되는데, 여기서 요셉은 선교사들의 모델이자 수호성인으로 부각하게 됩니다.

말이 길었네요. 시대가 만들어 낸 요셉상은 잠깐 접어 두고, 이 그림 속 요셉으로 돌아갑시다. 언뜻, 목수 요셉은 무엇 하나 특별한 것 없는 평범한 인물로 보입니다. 그는 기적을 행하거나 말 잘하는 선동가나 설교자도 아니지만, 누구보다 겸손하고 성실하며 자애롭게 표현됩니다. 이와 같은 아름다움은 전능자와의 친밀한 관계에서 비롯됩니다. 이제 냉정하게 이 그림을 봅시다. 요셉의 눈앞에 있는 아이의 정체는 전혀 이해할 수 없습니다. 천사가 어떤 아이인지 알렸다지만 요셉은 평생 물음표를 안고 살았을지도 모릅니다. 그럼에도 그는 자신이 완전히 이해하지 못하는 그 계시를 신뢰하고 살아갑니다. 묵직하게 닫힌 요셉의 입술, 그의 침묵은 하나님의 신성한 계획에 자기 삶을 맡기고 고집스럽게 살아가는 사명자의 표식입니다.

이 그림을 보면서 나는 어떤지 깊이 돌아봅니다. 당신은 어떤가요?

먹는 것이 그 사람이다

야코프 데 빗, 〈세례받는 그리스도〉

여기 묘사된 예수의 세례 장면은 단출합니다. 성경에 나와 있듯 세례 요한과 예수, 천사, 비둘기, 성부 하나님이 전부입니다. 과장하거나 멋지게 치장한 것은 하나도 보이지 않습니다. 세례받는 예수는 종교 화가들에게 인기 있는 주제입니다. 마태복음, 마가복음, 누가복음에 모두 등장하는 예수님의 세례 사건은 공생애 사역의 첫 출발점이기 때문입니다(마 4:13-17; 막 1:9-11; 눅 3:21-22). 수많은 화가가 저마다의 방식으로 예수님의 세례 장면을 그렸는데, 야코프 데 빗의 작품은 어딘지 초라해 보입니다.

불안한 자세

여러모로 이 그림을 자세히 볼 필요가 있습니다. 이 작품이 동영상이라면 어땠을까요? 일시 정지 모드에서 재생 버튼을 누르는 순간, 저 그림 속 인물들은 어떻게 움직일까요? 세례받고 있는 예수는 물가로 쓰러질 게 분명합니다. 실제로 그림 속 예수의 자세는 매우 불안합니다. 한쪽으로 쏠린 몸의 중심이 그를 물속으로 밀어 넣을 겁니다. 그런데 이 그림이 그리도 희한한 것은, 불안한 자세와 어울리지 않게 경건하고 차분하며 안정적인 분위기를 자아내기 때문입니다. 심지어 저 불안한 자세가 거룩하고 겸손하게 보일 정도입니다. 그 까닭은 무엇일까요?

이는 세례받는 분이 앞으로 살아 낼 여정 때문이 아닐까 싶습니다. 우리는 저분의 인생이 어떻게 진행될지 잘 압니다. 앞으로 고난이 거듭될 것이고, 결국 해골 언덕에 세워진 십자가에서 죽게 될 운명입니다. 세례 때 금방이라도 쓰러질 듯한 모습은 십자가 사건을 예고하는 것 같아 감상하는 내내 숙연해집니다. 하지만 땅을 디딘 불안한 발의 위치와 달리 심장에 올려놓은 왼손과 그 손을 다잡은 오른손, 세례를 베푸는 요한에게 고개 숙인 겸손한 모습은 세례자 요한의 손을 지나 성령의 비둘기에게로, 그리고 더 멀리 하늘 아버지의 음성으로 우리 시선을 이동시킵니다. 세례받는 예수의 평안한 기풍은 하늘 아버지를 신뢰하는 믿음에서 나옵니다. 요한의 손에서 예수님의 머리 위

야코프 데 빗, 〈세례받는 그리스도〉
1716년, 초크와 펜 드로잉, 260×180mm, 암스텔크링 박물관

로 떨어지는 물과 비둘기(성령), 하늘 아버지의 펼쳐진 오른손은 일직선으로 연결됩니다. 즉 세례는 인간 요한이 아니라 하나님이 베푸신다는 것을 의미합니다. 신학적으로, 이는 사제의 권위를 강조한 중세 교회 신학과 대비됩니다. 모든 은혜는 사람이 아니라 하나님 그분에게서 나옵니다.

세례

세례는 의미가 다양합니다. 가장 기본적인 의미는 로마서 6장에서 사도 바울이 설명하듯 "그리스도와 함께 죽고, 그리스도와 함께 산다"라는 것입니다. 다시 말하면, "하나님이 선택했으며, 이제로부터 영원까지 동행하신다"라는 약속과 보증의 순간이 세례라고 할 수 있습니다. 하나님이 우리와 함께하시면 거침없어집니다. 그분은 만물의 주인이요 전능자시기 때문이지요. 그분이 영원히 함께하시겠다는 약속이 물과 결합합니다. 이것이 세례입니다. 이 약속이 주어지는 순간부터 신자들에게 구원이 시작됩니다. 종교개혁자 마르틴 루터는 "세례받는 순간 우리의 양심 한가운데서 성령의 내주하심이 시작된다"라고 표현합니다.

성령이 신자의 양심에 둥지를 틀고 세례받은 자와 함께 움직인다면, 세례받은 사람은 하나님과 동행하는 그리스도인이 됩니다. 그러므로 그리스도인은 고난 가운데서도 하늘을 바라볼 수 있는 '영안'을 갖게 되고, 고난 가운데서도 하나님의 희망찬 음성을 듣게 되며, 고난 가운데서도 나를 위해 기도하시는 성령의 음성을 듣게 됩니다. 즉 그리스도인은 일상에서 하나님의 일하심을 체험하게 됩니다. 이 체험에는 단서가 붙습니다. 그것은 바로 능력을 행하시는 하나님에 대한 '전적인 신뢰Sola Fide'입니다. 이것을 예수님은 당신의 세례 사건을 통해 우리에게 먼저 보여 주십니다.

그리스도인이 사는 매일의 삶은 세례의 순간을 기억하며 "하나님이 우리와 함께하신다"라는 약속을 신뢰하는 여정입니다. 루터는 자신의 〈대교리문답〉(1529)에서 '매일 세례'라는 표현을 사용합니다. 물세례는 단 한 번으로 유효하지만, 일상의 모든 순간이 세례와 같이 죄에 대해 그리스도와 함께 죽고 다시 살아나는 '전 삶의 참회'가 요구됩니다.[5]

유아세례

여기서 유아세례도 한번 생각해 봅시다. 저도 유아세례를 받았는데, 세례받은 기억은 전혀 없습니다. 갓난아이였으니 당연합니다. 세례받을 때 신앙적인 결단이 있었을 리 만무입니다. 그렇다면 유아세례는 아무런 효력이 없을까요? 유아세례에 대한 신학적 판단은 교단마다 차이가 있습니다. 예를 들어, 개인의 신앙 결단을 강조하는 침례교회(회중) 같은 교회에선 유아세례를 인정하지 않고, 장로교회나 루터교회 같은 교회는 오히려 적극적으로 권장합니다.

교단마다 해석은 다르지만, 루터교회 교인인 저에게 유아세례는 하나님의 은총의 통로가 분명합니다. 최소한, 제가 속한 교회에서 유아세례는 효력이 있습니다. 세례란 하나님이 무력하고 자격 없는 자에게 아무 대가 없이 베푸는 은혜의 선물입니다(칭의). 그렇기에 무력한 아이를 불러서 "너는 나의 사랑하는 아들이다"라고 선언해 주신 하나님의 은혜가 큽니다. 유아세례는 언제나 교회 회중 앞에서 공적으로 집례합니다. 이때 교인들을 향한 집례자의 세례 선언은 "이 무력한 아이를 하나님이 어떻게 양육하고 성장시키는지 모두가 한번 지켜보라!"라는 하나님의 당당한 선언입니다. 하나님의 소명과 선택은 무력한 아이뿐만 아니라 구르는 돌덩어리 같은 자에게도 임할 수 있습니다. 돌 같은 사람을 선택하고 자신의 사랑하는 내 자녀라고 선언하시는 하나님은 신실하시기에 그분이 이루실 구원은 더욱 신뢰할 만합니다. 이는 데 빗의 그림과 같이 불안한 자세로 세례받던 예수, 그러나 그를 향해 "너는 내 사랑하는 아들이다"라는 하늘의 울림을 떠올리게 합니다.

먹는 대로 살아간다

"먹는 것이 바로 그 사람이다"라는 말이 있습니다. 돼지고기 좋아하면 돼지가 되고, 소고기 좋아하면 소가 된다? 그런 뜻은 아닙니다. 이 말은 사람 안에 채워지는 것, 그것이 그 사람을 만든다는 의미입니다. 내가 사랑하고 내 마음을 사로잡은 것, 그것이 바로 내가 누구인지 드러냅니다. 토마스 아퀴나스가 이런 말을 합니다. "행위는 존재를 뒤따른다." 무척 어려운 말같지만, 이렇게 바꾸면 조금은 쉽게 이해할 수 있을 것 같아요. "내가 지금 하는 일이 무엇인지 알면, 내가 누구인지 정확하게 알 수 있다." 즉, 지금 내가 사랑하는 것, 그것이 바로 '나'입니다. 돈을 사랑하면 그 사람은 돈이라는 신에 매여 살아가고, 하늘을 사랑하는 사람은 높푸른 창공처럼 일상을 살아갑니다.

사랑하는 대상이 자기 얼굴에 그려집니다. 사람들은 그걸 알아봅니다. 세례를 받고 매일 세례의 삶을 산다는 건, 매일 은혜를 먹으며 산다는 뜻입니다. 내가 사랑하고 내 안에 채워지는 것, 내 삶을 사로잡은 것이 무엇인지 돌아봅니다. 나는 누구인가? 지금 나는 무엇에 사로잡혀 살고 있는가? 지금 내 속을 무엇으로 채우고 있는가? 사람은 분명히 먹는 대로 살아갑니다. 내가 먹고 나를 만들어 내는 음식이 그리스도의 살과 피를 일용할 양식으로 삼은 '매일 세례'의 은총이길 기도합니다.

덧말: 종교개혁과 예술

16세기 종교개혁은 단순히 신학적 변화를 넘어 유럽 문화 예술의 지형도를 근본적으로 재편했습니다. 특히 알프스산맥을 경계로 남북의 예술적 표현 방식이 극명하게 갈리는 현상이 나타났는데, 이는 개신교와 로마가톨릭의 신학적 차이가 예술 언어로 표출된 결과라고 할 수 있습니다.

마르틴 루터가 주창한 '오직 성경Sola Scriptura'의 프로테스탄트 원리는 북유럽 예술의 성격을 규정하는 핵심이 되었습니다. 독일, 네덜란드 등 개신교 지역 화가들은 성경 메시지를 있는 그대로, 일상 언어로 전달하고자 했습니다. 그들의 작품에서는 평범한 시민의 일상이 종교적 주제와 자연스럽게 조화를 이루고, 과도한 장식이나 신비적 표현을 최대한 자제하는 특징을 보입니다.

반면 트리엔트 공의회(1545-1563) 이후 로마가톨릭교회는 예술을 통해 교회의 영광과 성례전의 신비를 가시화하는 노선으로 흐르게 됩니다. 이탈리아와 스페인을 중심으로 한 남유럽의 예술가들은 극적인 구도, 화려한 색채, 역동적인 움직임을 통해 초월적 실재를 표현하고자 했습니다. 육체의 아름다움을 강조하고 신화적 요소를 적극적으로 차용한 것도 이런 맥락입니다.

이러한 차이는 건축에서도 드러납니다. 북유럽 교회들

이 상대적으로 단순하고 실용적인 디자인을 선호했다면, 남유럽 성당들은 바로크 양식의 특징인 웅장함과 장식성을 극대화합니다. 이는 각각 '말씀 중심의 예배 공간'과 '성례전의 신비가 구현되는 공간'이라는 신학적 이해를 반영한 것입니다.

이렇듯 종교개혁은 유럽 예술을 두 개의 뚜렷한 흐름으로 분화했습니다. 북유럽의 현실주의적·서사적 접근과 남유럽의 관념적·신비주의적 접근이라는 이 두 흐름은 오늘날까지도 서양 예술의 중요한 전통으로 이어집니다. 이는 종교적 신념과 예술적 표현이 얼마나 긴밀하게 연결되어 있는지를 보여 주는 역사적 증거이기도 합니다.

만물의 통치자

카타리나 수도원, 〈판토크라토르〉

기독교 미술

기독교 역사에서 시각 예술은 출발 자체가 버거웠던 게 사실입니다. 십계명의 우상숭배 금지 조항을 신이 명한 형상 금지 명령으로 믿었기에, 유대교와 초기 기독교에서 신(하나님)에 대한 그림이나 형상이 직접적인 예술품으로 발전하기 어려웠습니다. 실제로 가장 이른 시기 그리스도교 작품이라야 로마의 카타콤베나 시리아의 두라-유로포스 같은 곳에서 간간이 발견되는 정도입니다. 게다가 그 어디서도 성부 하나님 형상은 찾을 수 없고, 혹여 성자의 모습이라고 해도 목자나 양처럼 은유적인 방식만 사용될 뿐이었습니다.

하지만 박해의 시대가 끝나고 4세기 기독교가 제국의 공인 종교로 인준되자 교회 예술은 과감해지기 시작합니다. 그중에서도 가장 눈에 띄는 분야는 '성상聖像'이라고도 부르는 아이콘icon일 겁니다. 지금이야 아이콘 하면, 어떤 분야를 대표하거나 그 분야에서 최고인 사람이나 사물을 이르는 말이지만, 원래는 초상화 또는 형상을 의미하는 그리스어라서 기독교에선 '성상' 아니면 원어 그대로 '이콘'이라고 부르기도 합니다. 이콘의 역사는 '성상 파괴' 운동과 함께 복잡하게 얽혀 있습니다만, 동방교회나 일부 개신교에선 여전히 그 의미와 가치를 계승합니다.

판토크라토르

현존하는 이콘 가운데 가장 특별한 종류는 그리스도의 형상을 담은 판토크라토르입니다. 판토크라토르Pantocrator: παντοκράτωρ는 '만물의 통치자' 또는 '전능자'라는 뜻의 그리스어로, 그리스도의 모습을 담은 이콘을 통칭하는 말입니다. 굳이 오래된 교회당이 아니더라도 흔히 볼 수 있는 그리스도의 이미지입니다.

그중에서 가장 오래되고 특별한 이콘을 하나 소개해 볼까 합니다. 다음 이콘은 이집트 동부 시나이 사막 한가운데 있는 카타리나 수도원의 이콘입니다. 5-6세기 작품으로 추정되지만 1950년대에 이르러서야 발견되었으니, 거의 1,500년 동안 모래바람 속에 갇혀 있다 나타난 셈입니다. 단지 오래되었다거나 이집트 동부 지역을 휩쓴 8세기 성상 파괴 사건을 피해 살아남았기 때문에 특별하다는 말은 아닙니다.

당신이 고대 어느 오래된 교회당에 들어가 이 그림 앞에 서 있다고 상상해 보세요. 5세기 가장 세계적인 도시라고 자랑하던 콘스탄티노플이라 해도 그 흔한 텔레비전이나 태블릿, 건물 외벽을 가득 채운 LED 광고판 같은 건 없었습니다. 사람이 만든 신의 이미지, 그의 아들을 그리거나 조각한 이미지는 어디서도 볼 수 있던 시대입니다. 그런 시대에 간절한 기도 제목을 들고 교회당에 들어가 이콘을 보게 된다면 그야말로 경이로운 충격이었을 겁니다. 사람들이 교회 안에 들어가 이콘 앞에 무릎 꿇고 입을 맞추는 행동은 누가 하라고 해서 하는 일이 아닙니다. 그런 생동은 지극히 자연스럽게 우러나는 몸의 기도였고, 경외감의 반응입니다. 그들에게 이콘은 신의 세계에 좀 더 가까이 이르는 통로로 여겨졌을 겁니다.

후광

5세기 예배자가 되어 이 그림을 만나 보길 권합니다. 눈

74

작가 미상, 〈판토크라토르〉
6세기, 엔카우스틱 이콘, 84×45.5cm, 카타리나 수도원

으로 보고 감각으로 느끼며 좋고 나쁨을 판정하는 데 그치지 말고, 그림에 담긴 여러 상징과 은유를 하나하나 읽어 봅시다. 그리스도의 모습입니다. 그분의 섬세한 오른손이 당신에게 복을 주듯 펼쳐 있고, 왼손은 화려하게 장식된 복음서를 들고 있습니다. 그분의 후광은 누구의 것보다 크고 밝은 황금빛입니다. 실제로 금장이었을 겁니다. 게다가 이 후광엔 십자 모양이 새겨 있어서 그리스도라는 것을 단박에 알 수 있습니다.

옛사람들에게 후광은 단순한 빛이 아닙니다. 후광은 '구멍'입니다. 단순한 구멍이 아니라 이 세계 사람들이 저 세계를 볼 수 있는 틈새입니다. 즉 후광은 땅의 사람들이 하늘을 볼 수 있게 하는 통로의 상징입니다. 이런 이유로 예술가들은 후광을 거룩한 이들에게만 그렸고, 그중에서도 그리스도의 후광은 가장 큰 것으로 처리합니다.

그림 상단 좌우편에 빛나는 별이 떠 있습니다. 작가는 별 주위에 둥근 모양으로 빛을 찍어 놓았습니다. 숫자를 세어 보면 각각 여덟입니다. 여덟 개의 빛은 안식 후 첫날(제8일), 즉 부활하신 그리스도가 제자들과 이 그림 앞에 서 있는 당신에게 나타났음을 뜻합니다.

비대칭 얼굴

　이 그림이 정말 특별한 점은 그리스도의 얼굴이 비대칭이라는 대목입니다. 잘 보세요. 왼편과 오른편 얼굴이 다릅니다. 머리 맵시도 다릅니다. 한쪽은 단정하게 어깨 뒤로 넘겨 있지만, 다른 쪽은 어깨 아래까지 흘러내려 있습니다. 서로 다른 두 사람을 합성해 놓은 걸까요? 얼굴을 반쪽씩 가리고 비교해 보면, 한쪽은 온화하고 다른 쪽은 엄숙합니다. 많은 사람이 이를 두고 그리스도의 두 본성을 상징한다고 설명합니다. 즉 왼쪽 얼굴은 거칠고 엄숙한 신적 속성을, 반대편은 온화하고 다가가기 쉬운 그분의 인간성을 보여 주기 위함이라는 것이지요.

　이 작은 이콘에서 고대 교회 교인들이 가졌던 신앙을 발견합니다. 그들은 십자가에 달려 8일 만에 나타난 예수를 평화와 기쁨을 선포하는 분으로, 엄위한 심판과 온화한 은총으로 온 세상을 통치하는 만유의 통치자, '판토크라토르'로 믿었던 것이지요. 1,500년이 지난 지금, 예수쟁이라며 열심히 교회 다니는 사람들은 예수를 어떤 이라고 설명할 수 있을까요? 당신에게 예수는 누구인가요?

황금 접시

지오토 디 본도네, 〈예수의 탄생〉

후광

지오토 디 본도네Giotto di Bondone의 〈예수의 탄생〉은 14세기 초 파도바의 스크로베니 예배당 프레스코화 연작 중 하나입니다. 그 앞에 설 기회가 생긴다면, 7백 년을 뛰어넘는 예술가의 묵직한 혼이 감상자를 사로잡을 겁니다. 이 프레스코화에서 지오토는 전통적인 비잔틴 양식에서 벗어나 더욱 자연스럽고 인간적인 표현을 시도합니다. 방금 출산한 마리아가 아기를 대하는 모습은 신성한 모성애를 보여 주지만, 요셉은 인간적인 고뇌가 묻어나는 모습으로 묘사됩니다. 아이 출생의 기쁨과 동시에 미래를 걱정하는 부모들의 자연스러운 양면성일 겁니다.

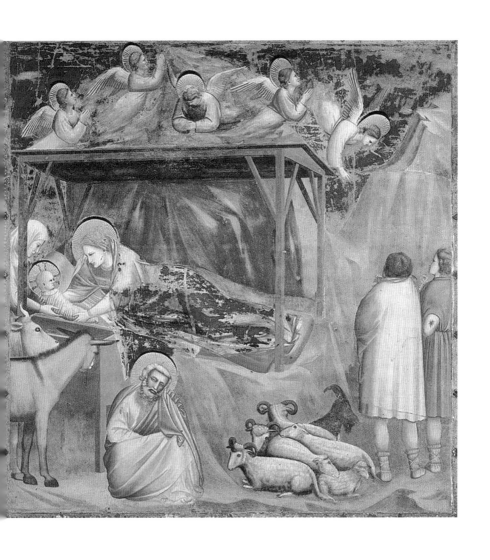

지오토 디 본도네, 〈예수의 탄생〉
1306년, 프레스코화, 200×185cm, 스크로베니 예배당

하늘에서 내려온 천사들은 기쁜 소식을 전하며 지붕 위를 날아다닙니다. 천사들의 날갯짓은 경이로움과 환희가 가득합니다. 소박한 마구간의 소와 나귀, 양과 염소는 이 성스러운 순간의 조용한 증인이 되어, 겸손하게 그 자리를 지킵니다. 지오토는 등장인물들의 감정과 행동을 매우 현실적으로 표현하여, 보는 이로 하여금 마치 그 자리에 함께 있는 듯한 느낌을 줍니다. 무엇보다 눈에 띄는 건 인물들과 천사들의 머리 위에 떠 있는 신비로운 후광입니다. 후광의 종류도 좀 달라 보입니다.

그림을 보다가 '왜 저 사람은 머리에 접시를 달고 다닐까' 하고 엉뚱한 생각을 한 적이 있습니다. 그 후론 그러려니 하고 지나쳤는데, 그게 '후광halo'이라는 걸 고등학생 때 알게 되었습니다. 종교화에서 심심치 않게 후광을 봅니다. 등장인물이 아무리 많아도 아무나 후광을 그려 넣지 않는 걸 보면, 무언가 말하려는 특별한 장치가 분명합니다.

원형이나 접시 모양이 일반적이지만, 머리 뒤를 둘러싼 동그란 테두리는 '글로리올라Gloriola'(環光), 머리를 둘러싼 속이 꽉 찬 원은 '님부스Nimbus'(輪光), 몸 전체를 비추면 '오리올Aureole'(後光)로 세분하기도 합니다. 가끔은 네모나 세모 형태도 볼 수 있습니다. 둥근 모양은 하늘을 상징하는 반면, 네모는 땅의 동서남북을 뜻합니다.

둥근 후광은 예수님과 열두 제자 그리고 성인으로 시복 시성된 사람에게 사용되는데, 죽어서 이 땅에서 볼 수 없는 사람들이라는 공통점이 있습니다. 이에 비해, 동서남북 땅을 상징하는 사각형 후광은 그림을 그리던 당시 생존 인물에게만 사용한다는 특징이 있습니다. 웬만큼 존경받는 사람 아니면 엄두도 못 낼 일이겠지요. 삼각형 후광도 있어요. 삼각형은 중세 화가들이 삼위일체를 강조하는 기법이기도 합니다.

특별한 건, 예수님의 후광입니다. 열두 제자 머리에 후광이 있더라도 예수님의 것은 언제나 더 크고 밝은 빛을 뿜습니다. 게다가 그분의 후광은 하나님의 영광을 상징하는 황금빛으로 채색되고 수난과 부활을 상징하는 십자 모양이 새겨진 경우도 많습니다. 그러고 보면, 후광은 단순한 원이 아니라 거룩한 틈새(구멍)의 기능을 가진 게 확실합니다. 그림을 보는 땅의 사람들이 후광을 비추는 사람의 얼굴과 그 모습을 통해 하늘을 엿볼 수 있기 때문입니다.

이웃 종교

어떤 사람들은 후광이 기독교의 전유물인 걸로 알고 있지만, 사실은 그렇지 않습니다. 기독교 예술에서 주후 5세기 이후에 후광이 나타날 뿐, 후광의 역사는 거기서 1,000년을 더 거슬러 올라갑니다. 로마의 미트라교, 불교, 조로아스터교 등에서는 기원전 5세기 초부터 후광이 사용되었습니다. 일반적으로 종교 예술의 후광은 현세적 권력이 아닌 영적 권력을 상징합니다. 기독교에서 예수는 하나님 나라에 속한 그분의 거룩과 신적 권위를 상징합니다. 즉, 후광을 가진 예수는 이 세상에 속하지 않았다는 교리를 강조합니다.

조로아스터나 붓다 신토처럼 고대 종교에서 종교적 인물에게 후광을 그려 넣을 때도 유사한 개념을 의도했습니다. 불교에선 머리 뒤 후광을 '두광頭光', 머리 이하 몸을 감싸는 후광을 '신광身光'이라고 하며, 불교 조각(불상이나 보살상)에서 이를 표현한 것을 '광배光背'라고 부릅니다. 중요한 건, 어떤 종교에서든 후광은 성스러운 임무를 깨닫고 수행한 종교적 인물을 암시한다는 점입니다.

후광과 관련해 덧붙일 말도 있습니다. 후광은 단순히 종교 예술에만 사용된 게 아닙니다. 비종교 영역에서 후광 기법은 탁월한 정치 홍보물로 사용되었습니다. 일부 로마 예술에서 황제에게 후광 처리를 한 것은 널리 알려져 있습니다. 황제의 후광은 단순한 왕을 넘어 태양신 미트라의 신적 권위를 위임받아 하늘의 지원을 받는다는 암시입니다. 로마 황제를 반신반인의 '신의 아들'로 부른 것도 이런 맥락입니다. 기독교 예술에서 후광은 로마인들의 미트라 숭배와 연관성 탓에 5세기까지 사용하지 않았습니다.

이를 사용한 건 기껏해야 5세기 이후인데, 언제나 로마 황제의 후광과 차별을 두었습니다. 모양에서부터 차이가 납니다. 로마 황제의 후광은 머리에서 부챗살처럼 직선이 뻗치는 형태지만, 교회 예술에선 언제나 원형으로 후광을 처리합니다. 물론, 시간이 지나면서 이런 엄격한 구분은 점차 사라져서 간간이 그리스도에게서도 선형 후광이 사용되었습니다.

부러운 얼굴

　　종합해 봅시다. 후광은 종교 정치 예술 전반에서 사용되며, 특정 인물을 강조하는 상징입니다. 때로는 신앙을 고취하기도 하고, 정치 홍보물의 도구가 되기도 합니다. 기독교 예술에서 후광은, 이 땅의 감상자가 거룩한 하늘의 세계를 엿볼 수 있는 통로로 쓰인다는 점이 독특합니다.

　　글을 다 쓴 다음 머리 뒤를 한 번 쓰다듬어 봅니다. 워낙 헐렁한 사람이다 보니 황금 접시라도 하나 뒤통수에 달고 다녀야 할랑가 봅니다. 아, 사각형 접시를 찾아봐야겠습니다! 접시 같은 게 없어도 얼굴에서 빛이 나는 사람이 제일 부럽습니다.

모두가 공존하는 나라

반 고흐, 〈씨 뿌리는 사람〉

농부는 땅을 차별하지 않는다

마태복음 13장에는 "귀 있는 자는 들으라"라는 예수님의 말씀에 이어 일곱 가지 천국 비유가 나옵니다. 첫 번째가 씨 뿌리는 비유인데, 농부가 길가, 자갈밭, 가시덤불, 옥토에 씨를 뿌린다는 내용입니다. 사람들은 이 비유를 들으면서 언제나 네 가지 땅을 구분합니다. 바로 이 지점부터 오해가 시작됩니다.

농부는 이제 씨앗을 뿌리기 시작했지요. 수확은 먼 미래 일입니다. 때가 이르면 농부가 알아서 할 일입니다. 그런데 결산의 때도 아닌데, 땅들이 서로 자신이 옥토라고 하며 다른 토양을 구별하고 차별합니다. 신앙의 연륜이나 직분, 직장 연봉이

빈센트 반 고흐,〈씨 뿌리는 사람〉
1888년, 캔버스에 유채, 62.2×80.3cm, 크뢸러 밀러 미술관

나 사는 지역과 집 같은 걸 열매라고 생각하면서 자기는 옥토고, 나보다 못한 사람들을 길가의 땅, 자갈밭, 가시덤불이라고 업신여깁니다. 이게 우리의 본성입니다.

씨앗 뿌리는 농부에게 초점을 맞춰 이 비유를 읽어 봅시다. 예수님은 농부가 씨를 뿌리러 나간다는 말로 입을 떼십니다(마 13:3). 농부는 가만히 앉아 소출을 기다리지 않습니다. 씨앗을 들고 땅으로 걸어 나갑니다. 거기서 옥토만 골라 씨를 뿌리지 않는데, 이 대목이 매우 중요합니다.

복음서의 이 비유와 연결된 그림을 하나 소개합니다. 1888년 빈센트 반 고흐의 작품 〈씨 뿌리는 사람〉입니다. 빛의 화가라고도 알려진 고흐는 목사가 되려고 신학을 공부했고, 지금으로 말하면 전도사 실습까지 했던 사람입니다. 하지만 끝내 교회를 떠났다고 알려집니다. 목사 후보생으로 겪었던 교회 현실이 절망적이었던 것이지요. 교회라고는 하지만 희망도, 사랑도 발견하기 어려웠던 것 같습니다. 그래서 큰 실망 가운데 교회를 떠나게 됩니다. 그런데 참 역설적이게도, 고흐의 그림엔 사랑과 희망을 상징하는 노란색과 파란색이 참 많이 쓰입니다. 〈별이 빛나는 밤〉, 〈밤의 카페 테라스〉, 〈밀밭〉, 〈해바라기〉 같은 작품을 보면 이 두 색채를 얼마나 강렬하게 사용했는지 확인할 수 있습니다. 저는 고흐의 그림을 볼 때마다 많이 놀랍니다. 교회에 염증을 느껴 교회를 떠났지만, 그의 작품 곳곳엔 여전히 거룩한 사랑과 희망의 끈을 놓지 않았다는 암시가 엿보이거든

요. 심지어 인생 말년의 그림을 보면, 심신의 문제가 생겨 프랑스 남부 아를의 정신병원에 입원했을 때조차 사랑과 희망의 끈을 놓지 않았던 인물로 보일 정도입니다.

〈씨 뿌리는 사람〉도 마찬가지입니다. 밀레의 그림을 모사했다고 알려진 이 그림은 밀레의 것과는 달리 농부 뒤편에 강렬한 태양이 이글거립니다. 태양이 그림 상단 정중앙에 있고, 그 밑엔 수확을 앞둔 누런 밀 이삭이 빛을 가득 받으며 서 있습니다. 시간상으로 석양인지 아니면 동트는 아침인지 분간하기 어렵습니다. 무엇이든 상관없을 것 같습니다. 중요한 건 하나님의 사랑을 상징하는 노란빛 태양이 농부 뒤에 강렬하게 배치되어 있다는 점입니다. 이와 더불어 농부가 씨를 뿌리는 땅은 희망의 푸른 빛이 여기저기 감돕니다.

모두가 공존하는 천국

저는 이 그림이 예수님의 천국 비유를 매우 탁월하게 묘사한다고 생각합니다. 우리는 성경을 읽기도 전에 네 가지 땅이 서로 분리되어 있다고 미리부터 생각합니다. 하지만 땅엔 경계선이 분명하지 않습니다. 하나님의 사랑을 등에 지고 태양에서 걸어 나온 농부는 그 땅을 차별하지 않고 씨를 뿌립니다. 푸른 빛 감도는 땅은 희망을 노래합니다.

만일 이때가 동트는 아침이라면 해가 떠오르는 땅을 찾아온 농부가 돋보일 테고, 석양 무렵이라면 어두운 밤이 도래할 걸 알고도 희망의 씨앗을 뿌리는 농부가 돋보일 겁니다. 어찌 됐든 이 그림은 하늘과 땅을 가득 채운 노란빛과 푸른빛이 인상적입니다. 하나님의 사랑이 이 땅에 희망으로 가득한 것을 노래하는 것이지요. 그 한가운데 씨앗을 들고 움직이는 농부가 있습니다.

우리는 서로 차별하고 구분하지만, 그리스도는 어떤 땅, 어떤 사람도 차별하지 않습니다. 그것이 길가 토양이든 자갈밭이든 가시덤불이든 구별하지 않습니다. 오직 씨앗을 뿌리겠다는 일념 하나로 밭으로 발을 내딛습니다. 이것이 하나님의 사랑이지요. 우리는 언제나 경계선을 만들어 구별하지만, 하나님은 모두에게 공평하십니다. 그분은 사랑의 태양으로부터 걸어 나와 기쁨의 씨앗을 뿌리십니다. 마태복음 13장부터 펼쳐지는 일곱 가지 천국 이야기가 이 비유로 시작됩니다. 다시 말해 예수님이 우리에게 가르치시는 천국의 첫 번째 의미는 모든 사람을 차별 없이 환대하시는 하나님의 사랑이라고 할 수 있습니다. 그 사랑의 힘이 우리에게 심겨 삼십 배 육십 배 백배로 결실합니다.

더 가난한 자를 위하여

프리츠 폰 우데, 〈식사기도〉

그림이 낫다

매번 느끼지만 그림 잘 그리는 화가가 목사보다 낫습니다. 긴 설교보다 그림 한 장이 더 강렬하고 묵직한 메시지를 남길 수 있기 때문입니다. 교회력을 철저히 사용하는 제가 목회하는 중앙루터교회는 주보 첫 면에 교회력 주제에 맞춘 종교화를 매주 싣습니다. 장점이 많습니다. 주일에 교인들은 주보에 실린 한 폭의 그림과 함께 그날 성서 본문을 미리 읽고 그날 설교 주제가 무엇일지 상상하고 설교를 듣습니다. 집중도는 그만큼 높아집니다. 간혹 나른한 주일 오후 시간을 빌려 이 그림에 대한 짧은 해설과 오전 설교를 피드백하고, 성서 강해를 진행하기도

합니다(교회력 본문은 시편, 구약, 사도서간, 복음서로 구성되어 있는데, 모든 본문은 한 가지 주제로 맥을 이루고 있습니다. 주일 오전 오후 설교는 시편을 제외한 세 본문 중에 하나를 선택합니다.) 이런 방식으로 주일 예배를 구성하다 보니 교인들이 종종 설교는 기억 못 해도 주보 그림을 기억하고 그날 성서 메시지를 떠올리곤 합니다.

가난한 가정

　　요한복음 6장을 설교하던 일요일이었던 것 같습니다. 그날 주보에 독일 화가 프리츠 폰 우데Fritz von Uhde(1848-1911)의 〈식사기도〉를 담아 설교했습니다. 프리츠 폰 우데의 작품에는 인생의 애환과 함께 신앙의 올곧은 마음이 담겨 있습니다. 종교 개혁의 중심지 작센주의 명문가 출신인 그는 아버지의 뒤를 이어 군인이 되었지만, 늦은 나이에 화가의 길로 들어섭니다. 그런 그에게 어느 날 예상치 못한 시련이 찾아옵니다. 셋째 딸이 태어나던 날, 아내가 아기를 낳던 침대에서 죽음을 맞습니다. 폰 우데는 사랑하는 아내를 생각하며 죽기까지 홀로 화가의 삶을 마치게 됩니다. 아내의 비극적인 죽음은 그의 예술적 감성을 더욱 예리하게 벼립니다. 이러한 개인사가 '가정'과 '가난'이라는 그의 작품 세계를 구성했다고 할 수 있습니다.

　　미술사적으로 그의 작품은 19세기 말 흥행한 사실주의

프리츠 폰 우데, 〈식사기도〉
1885년, 캔버스에 유채, 130×165cm, 베를린 국립박물관

와 인상주의 사이 외광파로 분류되지만, 이런 분류법보다 인상적인 건 그림의 주제입니다. 앞서 암시했듯이, 폰 우데에게 가장 특징적인 주제는 '가정'과 '가난'입니다. 〈식사기도〉는 이 두 주제를 잘 엮는 대표적인 작품으로 꼽힙니다. 똑같은 구도의 작품이 여러 장 남아 있지만, 저는 이 작품이 가장 인상적입니다. 우선 주보에 이 그림을 넣은 건, 교회력 복음서 본문인 요한복음 6장 '생명의 양식'과 관련이 있기 때문이지만, 이 그림에서 우리는 19세기 말 유럽의 사회상을 엿볼 수 있습니다. 당시 산업화로 인한 빈부 격차와 도시 빈민 문제가 심각했는데, 폰 우데는 이를 종교적 맥락에서 해석합니다. 가난한 가정의 식탁에 초대된 예수의 모습은 마태복음 25장 40절 "너희가 여기 내 형제 중에 지극히 작은 자 하나에게 한 것이 곧 내게 한 것이니라"라는 말씀을 시각화한 것으로 볼 수 있습니다.

이제 그림을 살펴봅시다. 가난한 가정에 예수가 찾아옵니다. 너무 가난해서 식탁엔 희멀건 죽 한 사발과 빵 한 덩어리가 전부입니다. 얼마나 가난한지 사람은 여럿인데 빵은 하나뿐입니다. 그런데 이 가난한 가족이 빵 한 덩이뿐인 식탁으로 예수를 초대합니다. 모두의 손은 기도하기 위해 포개져 있고 시선은 예수에게 고정됩니다. 가족 전체가 나눠 먹어야 할 빵을, 이렇게 가난한 사람들이 예수에게 대접하는 이 모습을 어떻게 이해해야 할까요? 애잔하게 보일 정도입니다. 그런데 이런 의문은 예수의 발을 보고 이내 풀립니다. 가난한 이들보다 더 가난한 예수. 맨발로 들어온 모습을 보고 있자니 "지극히 작은 자 하나에게 한 것이 곧 내게 한 것"이라는 복음서 말씀이 생각납니다.

　이 그림엔 이런 진지함만 있는 건 아닙니다. 소소한 웃음거리도 보입니다. 등장인물의 표정을 보세요. 모두 진지한 모습으로 기도하며 예수를 식탁으로 초대하는데 다 그런 건 아닙니다. 중간에 두세 살배기 노란 머리 꼬맹이가 보이지요. 요 녀석은 엄마가 가져온 수프만 뚫어져라 바라봅니다. 누가 집에 들어오건 아무 관심이 없습니다. 오직 먹을 것! 누가 뺏어 먹으면 금방이라도 울 태세입니다. 지극히 자연스러운 아이의 모습입니다. 그 옆에 있는 두 아이와 비교해 봅시다. 이 둘의 눈빛도 어딘지 모르게 어른들과는 다릅니다. 어른들은 진지함만 가득하지만, 아이들은 기도 손을 하고서도 호기심 반 의심 반입니다. 다른 사람은 몰라도 저는 이 대목에서 어릴 적부터 가정에서 가르치는 신앙 교육의 중요성을 봅니다. 자라면서 이 아이들은 자기보다 더 가난한 자에게 빵을 나누는 신앙의 실천을 하게 될 것입니다.

　예수의 의복 색깔에 주목해 봅시다. 겉옷은 가난한 부모의 옷과 비슷한 색으로, 그들과 동일시되는 예수의 모습을 나타냅니다. 반면 그 안에 입은 붉은색 옷은 전통적으로 그리스도를 상징하는 색으로, 그의 신성을 암시합니다. 이 붉은색은 여인의 허리띠와 창문에서도 반복되어 나타나는데, 이는 현재의 고난 속에서도 미래의 희망을 상징하는 것으로 해석할 수 있습니다.

가족 구성원들의 표정과 자세를 종합해 보면 흥미로운 사실 하나가 떠오릅니다. 부모의 경건한 모습, 아이들의 호기심 어린 눈빛, 음식에만 온통 정신을 빼앗긴 아이의 모습은 한 교회 공동체에서 볼 수 있는 다양한 신앙의 모습을 연상시킵니다. 이는 폰 우데가 현실을 있는 그대로 포착하면서도, 그 안에서 신성한 의미를 발견하는 능력이 탁월했음을 보여 줍니다.

성찬

폰 우데의 〈식사기도〉는 단순한 종교화를 넘어서 우리 일상 속 신앙의 의미를 되새기게 하는 작품입니다. 이 그림 제목이 특별히 와닿는 이유는 그리스도의 최후의 만찬, 즉 성만찬과 깊은 연관이 있기 때문입니다. 성찬을 뜻하는 '유카리스티아'는 '감사' 또는 '감사기도'를 의미합니다. 그리스도의 식탁에서 시작된 이 감사의 기도를 생각하면, 이 작품을 통해 성찬의 의미를 우리 일상에서 새롭게 이해할 수 있습니다. 그림 속 가난한 가정에 더욱 가난해 보이는 예수가 찾아오고, 그 가족이 얼마 없는 음식을 예수와 나누는 모습을 봅니다. 이는 성찬의 본질을 보여 줍니다. 나보다 더 어려운 처지에 있는 이웃들과 함께 살며 우리 소유를 나누는 삶이 바로 일상 속 성찬입니다.

교회에서 행해지는 성찬식은 단순한 의식을 넘어섭니

다. 성찬에 참여한 그리스도인은 교회라는 특정 장소나 예배 시간에 국한되지 않고, 삶의 모든 순간 그리스도의 사랑을 실천할 수 있어야 합니다. 우리보다 더 연약한 이웃과 함께 나누는 물질과 마음, 그리고 우리의 삶 자체가 곧 예수 그리스도께 드리는 것이며, 이것이 바로 성찬의 삶의 진정한 모습, 살아 있는 신앙이기 때문입니다.

개와 그리스도

엘 그레코, 〈시각장애인을 치유하는 예수〉

엘 그레코El Greco(1541-1614)의 작품 〈시각장애인을 치유하는 예수〉는 요한복음 9장을 배경으로 합니다. 이 그림은 선천성 시각장애인을 고쳐 주시는 장면을 묘사하고 있는데, 바리새인들이 딴지를 건다는 내용이 성경이 나옵니다. 분위기가 얼마나 험악했는지 부모조차 진실을 피했다는 요한복음을 읽다 보면, 우리 현실을 고발하는 것 같아 섬뜩합니다. 우리도 그렇지 않은가요! 진실을 알고도 권력이 무섭고 분위기에 휩쓸려 거짓과 부정 불의에 침묵하며 사는 게 우리 현실입니다.

엘 그레코

엘 그레코는 '그리스 사람'이라는 이름 뜻대로 그리스 출신이지만, 16세기 후반 스페인에서 활동했습니다. 당시 스페인은 강력한 가톨릭 국가였기 때문에, 그는 종종 반개신교 진영을 대표하는 가톨릭 예술가로 여겨졌습니다. 실제로 그의 작품에는 가톨릭적 요소가 많이 나타나지만, 우리는 이를 시대적 맥락에서 이해해야 합니다. 지금은 엘 그레코가 활동하던 시대로부터 500년이 훌쩍 지났습니다. 우리는 모두 '시대의 아들'입니다. 그러니 미리부터 가자미눈으로 작품을 감상하지 않으면 좋겠습니다. 오히려 시대를 덮은 사유의 나이테를 이 그림에서 읽어 내는 것도 명화 감상을 위한 좋은 포인트가 됩니다. 엘 그레코가 성경과 관련된 내용을 캔버스에 녹여 낸 것을 보면 '역시 대가'라는 찬사가 자연스레 나옵니다. 물론 이 그림만 독특한 건 아니지요. 중세 화가들은 성서 본문 하나로 다양한 판본을 만들곤 하는데, 이 그림도 비슷한 그림이 여러 장 있습니다. 하지만 비슷하게 보여도, 자세히 비교하면 각자 방점이 다르다는 걸 어렵지 않게 확인할 수 있습니다. 그러니 이 그림과 같은 제목의 엘 그레코 작품들을 직접 비교해 보는 것도 쏠쏠한 즐거움이 될 겁니다.[6]

개의 시선

이제 그림을 자세히 살펴봅시다. 캔버스는 크게 네 부분으로 나눌 수 있습니다(왼편, 오른편, 하단, 중앙). 왼편에는 시각장애인을 치유하는 예수님과 그 주변 인물들(부모와 바리새인)이 있고, 오른편에는 무리가, 그리고 중앙에는 두 사람이 있습니다. 성경을 참조하면 이 그림을 쉽게 이해할 수 있습니다.

그림 하단에는 중요한 상징이 숨겨져 있습니다. 개 한 마리와 그 앞에 묶인 자루, 작은 물항아리가 있는데, 이는 '먹고 마실 것'을 상징합니다. 흥미로운 점은 오른편에 모인 사람들의 모습입니다. 요한복음 9장을 참조하면 이들이 바리새인들임을 알 수 있습니다. 이들의 시선과 손가락은 바닥의 자루와 물동이를 향하고 있으며, 그 아래쪽에 있는 개가 그들을 응시합니다. 유럽에서 개는 저주와 경멸을 상징합니다. 이를 통해 엘 그레코는 먹고 마실 것에만 관심 있는 사람들을 비판적으로 표현한 것으로 보입니다.

그림 속 인물들의 위치도 주목할 만합니다. 무대는 세 계단으로 나뉘어 있으며, 이는 세계의 층위를 상징합니다(지하, 지상, 천상). 개가 있는 곳은 지하 세계, 즉 지옥을 의미합니다. 대개 사람들은 예수님이 서 있는 높이의 무대에 있고, 자루와 물동이도 그곳에 있습니다. 예외적으로 한 계단 아래에 개가 있고, 중앙에는 한 계단 위에 앉아 누군가의 눈을 닦아 주는 청색 옷을

엘 그레코, 〈시각장애인을 치유하는 예수〉
1570년경, 캔버스에 유채, 65.5×84cm, 드레스덴 국립박물관

입은 사람이 있습니다.

이러한 구도를 통해 엘 그레코는 물질적인 것에만 관심을 두는 바리새인들을 비판하고, 진정으로 관심을 가져야 할 가난한 이들을 외면하는 부유한 사람들, 지식인들, 종교인들의 모습을 묘사합니다. 결국 이들이 향하게 될 곳은 개가 있는 지하세계라고 웅변하는 듯합니다. 수백 년 전 그림인데 왠지 모르게 쓸쓸합니다.

색

하나 더 주목할 요소는 색입니다. 중세 유럽에서 청색과 녹색은 구하기 매우 어려운 진귀한 염료였습니다. 르네상스 시대에는 이탈리아 상인들이 아시아 오지까지 가서 향신료와 물품을 구해 오던 때였는데, 당시 유럽인들에게 낯선 후추가 금값보다 비쌌다는 건 잘 알려진 사실입니다. 그중에서 특히 진귀한 물품 중 하나가 '청금석'이라는 돌이었습니다. 이 돌은 아프가니스탄 광산에서만 구할 수 있었고, 이를 곱게 갈면 '울트라마린Ultramarine'이라는 매우 곱고 진한 청색 염료를 얻을 수 있었습니다. 그러나 너무나 귀하고 비싸서 16세기 미술인들에게는 '꿈의 염료'로 불릴 정도였습니다. 이 색의 이름이 단순히 '청색'이 아니라 '바다 건너편'이라는 뜻의 '울트라마린'인 것도 그만큼

구하기 어려웠기 때문입니다. 이러한 이유로 청색은 특별한 경우에만, 그것도 대가들이 큰돈을 들여야만 사용할 수 있는 염료였습니다. 그래서 성모 마리아를 상징하는 색으로 쓰이거나(실제로 이 시기 마리아의 옷이 울트라마린으로 그려진 예가 많습니다), 예수님이나 거룩하고 순결한 이들을 위한 색으로 사용되었습니다. 이렇게 청색은 고귀함과 거룩함, 순결을 상징하게 되었습니다.

　녹색 역시 진귀한 색입니다. 현대에는 녹색이 자연과 푸르름을 대표하는 색깔이지만, 중세 시대에는 다른 의미로 사용되었습니다. 부유함이나 높은 '지성'을 의미하기도 했고, 때로는 방탕과 무질서를 암시하기도 했습니다. 이는 가진 것이 너무 많아 기준 없이 살다 생긴 방탕함을 뜻합니다. 이처럼 청색과 녹색은 모두 진귀한 것을 뜻하지만, 청색이 종교적 차원의 고결함을 의미한다면 녹색은 더 세속적인 의미가 있다고 볼 수 있습니다. 이런 점을 염두에 두고 그림을 봅시다. 예수님은 청색과 붉은색 옷을 입고 있습니다. 붉은색은 피를 상징하므로 순교, 성령, 열정 등을 암시합니다. 이러한 색채 선택은 예수님을 표현하는 데 적절해 보입니다. 오른편에 있는 사람들을 보면, 청색과 녹색 옷이 섞여 있고, 손목에 붉은색이 보이는 사람은 바리새인입니다. 이는 그들이 종교적으로는 고결해 보이지만, 실제로는 세속적인 관심사에 빠져 있음을 암시합니다.

　오른편 무리 중 특이한 점은 맨 앞에 선 사람입니다. 등이 보이는 이 사람의 옷 색깔이 예수님과 동일합니다. 다른 이들이 자루와 물동이에 관심을 보이는 반면, 이 사람만은 등을 돌린 채 무리를 가로막고 있습니다. 그의 손짓은 마치 소경을 치유하는 예수를 바라보라고 설득하는 듯합니다. 이 인물이 누구인지 궁금해집니다. 엘 그레코의 다른 그림들과 비교해 보면, 이 인물이 바로 엘 그레코 자신임을 알 수 있습니다. 화가가 이런 방식으로 자신의 모습을 그림에 담은 이유에 대해서는 각자 생각해 볼 주제입니다.

땅과 하늘의 사람

자, 이제 중앙에 있는 두 사람입니다. 청색 옷을 입은 사람은 한 계단 위에 있는데, 이 인물은 사실 천상의 존재, 즉 가톨릭 신학에서 말하는 '성인Saint'입니다. 가톨릭 신학에서는 교회를 '은총의 보화가 가득한 창고'로 가르치면서, 사제들이 천국의 열쇠로 이 창고를 여닫으며 은총을 나누어 준다고 봅니다. 여기서 중요한 건 '여분의 공로Supererogatory Merit'입니다. 이를 가톨릭교회에선 천국에 가고도 남을 만큼 선행을 쌓고 죽은 의인들이 교회 보물창고에 남긴 공로를 말하는데, 사도들과 순교자, 성인들의 선한 업적을 의미합니다. 이렇게 여분의 공로를 교회에 남기고 죽은 이들을 성인이라고 부릅니다. 이 성인들이 바로 땅과 하늘을 잇는 중보자 역할을 합니다. 따라서 이 그림에서 청색 옷을 입은 인물은 세속의 무대가 아닌 한 계단 위, 즉 천상에서 사람을 돕는 성인으로 볼 수 있습니다.

자세히 보면, 성인이 돕고 있는 사람의 발은 세속이라는 무대에 있지만, 무게 중심이 실린 엉덩이는 천상을 상징하는 계단에 놓여 있습니다. 이 사람의 옷 색깔은 노란색, 청색, 그리고 예수님과 같은 연분홍색입니다. 특히 노란색이 매우 짙은데, 노란색은 전통적으로 의심과 배신을 상징하는 색으로, 가룟 유다의 색깔로도 알려져 있습니다. 이는 1934년 히틀러가 정권을 잡고 유대인들을 아우슈비츠 수용소로 보낼 때 유대인의 가슴에 붙였던 노란 별을 연상시킵니다. (본래 유대인의 상징인 다윗의 별은 희망과 거룩함을 의미하는 청색입니다.)

이 작품에는 인상적인 요소가 여럿 있지만, 개인적으로는 중앙 계단에 기대어 앉아 있는 노란색 옷을 입은 인물이 가장 눈에 띕니다. 자세히 보면 의심과 배신을 상징하는 노란색뿐만 아니라 간간이 청색도 이 사람을 감싸고 있습니다. 그의 발은 땅에 닿아 있지만, 중심은 한 층 더 높은 세계를 향해 기울어져 있습니다. 이 모습은 우리의 신앙생활을 떠올리게 합니다. 우리 모두는 의심하고 흔들리는 존재이지만, 역설적이게도 그렇게 흔들리면서도 하늘을 소망하며 살아갑니다. 우리 존재의 무게 중심을 천상에 두고 살아가는 것입니다. 그리고 하늘은 그런 우리를 외면하지 않고 따뜻하게 보듬어 주며 눈물을 닦아 줍니다. 이 모습이 선천성 시각장애인을 치료하는 그리스도의 모습과 겹칩니다. 예수 그리스도를 통해 이 땅에서 치유가 시작되었듯이, 이제는 우리가 그 일을 계승하는 성자로 살아가야 한다는 메시지를 전하는 듯합니다. 우리는 개처럼 살 것인지, 아니면 그리스도처럼 이웃의 눈물을 닦아 주고 보듬어 주며 살 것인지 선택해야 합니다. 요한복음 9장을 바탕으로 한 엘 그레코의 이 그림 한 장이 우리 삶을 돌아보게 합니다.

네가 변해라

라파엘로, 〈그리스도의 산상 변모〉

"엿새 후에 예수께서 베드로와 야고보와 요한을 데리시고 따로 높은 산에 올라가셨더니 그들 앞에서 변형되사 그 옷이 광채가 나며 세상에서 빨래하는 자가 그렇게 희게 할 수 없을 만큼 매우 희어졌더라."

_마가복음 9장 2-3절

라파엘로Raffaello Sanzio da Urbino(1483-1520)는 레오나르도 다빈치, 미켈란젤로와 더불어 16세기 르네상스 3대 화가로 꼽힐 정도로 천재 예술가입니다. 기독교 미술을 잘 모른다고 해도, 철학책이나 아이들 학습지 표지 그림으로 심심찮게 등장하는 〈아테네 학당〉이 바로 그의 대표작입니다.

라파엘로, 〈아테네 학당〉
1511년, 프레스코화, 550×770cm, 바티칸 사도 궁전 '서명의 방'

라파엘로, 〈자화상〉
1504-1506년, 패널에 템페라, 47.5×33cm, 팔라티나 미술관

라파엘로, 〈그리스도의 산상 변모〉
1516-1520년, 목판에 유채, 405×278cm, 바티칸 미술관

천재는 단명한다고 했던가요? 서른일곱 젊은 나이에 요절한 천재 화가의 시신 앞에 바티칸 전체가 애도했다는 이야기가 있을 정도로 그는 탁월한 예술인이었습니다. 그가 1520년에 숨을 거두기 전에 그린 마지막 유작이 〈그리스도의 산상 변모〉입니다. 이 작품은 신성과 인간성의 극적인 대비를 통해 종교적 경험의 깊이를 탐구하는 르네상스 미술의 정수를 보여 줍니다. 화면 상단에 펼쳐지는 초월적 광경과 하단의 세속적 혼란은 신앙의 이상과 현실 사이의 긴장감을 예리하게 포착합니다.

산상 변모

산 정상에서 벌어지는 복음서의 장면은 구약과 신약의 연속성을 암시하며, 유대교 전통에서 메시아의 도래를 상징하는 강력한 이미지를 제시합니다. 유대인에게 모세와 엘리야의 현현은 단순한 성서 에피소드를 넘어, 당대 유대인들의 집단적 열망과 구원을 향한 갈망을 의미합니다. 성서 본문도 그렇지만, 이 그림도 정확히 산 위와 산 아래로 구분됩니다. 구름 가득한 산 위는 하나님의 영광이 가득하고, 예수님이 중심에 있습니다. 그분 옆에 두 사람이 있는데, 오른편(그림 왼편)에 돌판을 들고 있는 사람은 모세고, 반대편에 책을 들고 있는 사람이 예언자 엘리야입니다. 유대인들에게 가장 위대한 지도자와 가장 위대한 예언자로 꼽히는 이 두 사람의 공통점은 둘 다 무덤이 없다는 점입니다. 엘리야는 살아서 승천했으니 무덤이 없고(왕하 2:11), 모세는 신명기에 기록된 대로 그의 무덤을 아는 사람이 없다고 전해집니다(34:5-6).

여하튼 예수님과 이 두 사람이 한 장소에 나타났다는 건 당시 유대인에게 매우 각별한 의미입니다. 무덤을 남기지 않은 이 두 사람이 세상에 다시 나타나는 날, 유대인의 구원자도 함께 올 것이라는 말이 항간에 떠돌고 있었기 때문이지요. 사는 게 워낙 힘들다 보니, 유대인들은 이렇게 신비한 일이라도 일어나길 꿈꾸고 있었고, 이런 민간 신앙에 비춰 보면 모세와 엘리야 사이에 선 분은 예고된 구원자, 즉 메시아가 확실합니다.

이런 상황에 베드로와 야고보와 요한 세 제자가 두려워 떨었던 건 자연스럽습니다. 라파엘로는 세 제자를 그려 넣으면서, 한 사람은 얼굴을 땅에 박은 채 두려워하는 모습으로, 한 사람은 당황해서 넘어져 하늘을 바라보는 모습으로, 또 한 사람은 강렬한 빛 탓에 앞을 제대로 보지 못하는 모습으로 묘사합니다. 제자들의 반응을 묘사하는 라파엘로의 기법은 성스러운 경험 앞에서 인간의 취약성을 드러냅니다. 각 제자의 자세와 표정은 경외심, 공포, 압도당함이라는 복합적 감정을 생생하게 전달합니다. 이는 단순한 종교적 도상학을 넘어, 인간 심리의 깊이를 탐구하는 르네상스 인문주의의 영향을 보여 줍니다. 어쩌면 이 얼굴들은 성서 본문에 나온 제자나 군중이 아니라 이 그림을 주문한 사람의 마음 얼굴일지도 모릅니다. 화가가 자신의 창작 의도만 가지고 예술 활동을 시작한 건 역사적으로 그리 오래되지 않았습니다. 근대 시기까지만 해도 주문자의 입맛에 맞게 그려야 미술가로서 생존할 수 있었죠. 거장이라고 불리는 라파엘로라고 해도 예외는 아닙니다. 작가들이 주문자의 요청에 따라 주문자를 신앙적인 모습으로 한쪽 구석에 그려 넣는 일은 매우 흔했습니다. 이는 르네상스 시대 예술 후원 체계의 복잡성을 상기시킵니다. 예술가의 창작 자유와 후원자의 요구 사이의 균형은 당시 예술 생산의 핵심 측면이었고, 이는 예술사적 맥락에서 작품을 이해하는 데 중요한 요소입니다.

다시 성서 본문으로 돌아가 봅시다. 산 위에서 제자들이 목격한 장면은 마치 불이 붙었지만 타지 않는 덤불에서 모세가 하나님을 대면하던 모습(출 3:1-6)이나 바알 선지자와 대결하던 엘리야가 물에 흠뻑 젖은 제단에 하나님의 불이 붙길 기도하던 모습에 비할 만합니다(왕상 18:22-38). 그만큼 비현실적인 상황이 제자들 앞에 펼쳐집니다. 당황스럽고 두려울 수밖에 없습니다. 다행스러운 건 이렇게 당혹스러운 장면 앞에서 제자들이 도망가지 않는다는 것 정도입니다.

산 아래

라파엘로는 신비한 일이 벌어지는 산 위만 그리지 않습니다. 산 아래 장면 구성은 마가복음 9장 2-29절을 바탕으로 삼은 라파엘로의 뛰어난 내러티브 능력을 보여 줍니다. 산 아래는 좌우 양편으로 구분됩니다. 왼편은 마가복음 9장 14절 설명대로 서기관과 제자들이 뒤섞여 있고, 오른편엔 마을 사람들이 자리 잡습니다. 여기서 감상자들의 시선을 집중시키는 주인공은 그림 우편 중앙에 있는 귀신 들린 아이입니다. 아이 아버지가 휘둥그레 뜬 눈으로 아이를 제자들과 서기관에게 보여 줍니다. '이 아이를 어쩌면 좋냐?'는 표정입니다. 속내는 고쳐 달라는 겁니다. 그러자 사람들은 제각각 반응을 내놓습니다. 이처럼 서기관, 제자들, 마을 사람들의 배치는 단순한 군중 묘사를 넘어 사회적 역학과 종교적 갈등을 암시합니다. 특히 귀신 들린 아이를 중심으로 한 인물들의 다양한 반응은 인간 사회의 복잡성과 영적 문제에 대한 다양한 접근 방식이 상징적으로 표현된 것이지요.

인물들의 손짓과 표정은 르네상스 미술의 핵심 요소인 인체 표현의 정교함을 보여 주며, 동시에 각 인물의 내면 상태를 효과적으로 전달합니다. 이는 단순한 종교적 주제를 넘어, 인간 조건에 대한 깊은 통찰을 제공합니다. 산 아래 있는 사람들의 손 모양을 봅시다. 어떤 이의 손은 땅을 향하고, 어떤 이는 귀신 들린 아이에게, 또 어떤 이는 산 위를 향합니다. 표정과 감정은 혼란스럽고 복잡한 우리 세계, 아니 혼탁한 우리 마음을 그대로 표현합니다.

이제 아이를 봅시다. 귀신 들린 아이가 윗옷을 벗은 채 한 손은 하늘을, 다른 한 손은 땅을 가리킵니다. 그런데 아이라고 하기엔 너무 건장한 팔 근육이 눈에 들어옵니다. 하지만 초점 없는 아이의 눈은 그 팔 근육에 담긴 힘이 아무 소용 없다는 것을 슬프게 알리는데, 이 모습은 죽음을 앞둔 라파엘로 자신을 이렇게 표현한 게 아닐까 싶습니다. 하늘도 땅도 어쩔 수 없는 죽음 앞에 선 자신의 무력감을 그렇게 투영한 것이지요.

어찌 되었건, 이 아이를 중심으로 둘러선 사람들의 반응을 가만 보면, 사람들이 위급한 순간에 어디에 관심을 두는지, 어떤 시각을 가졌는지, 어디서 도움을 얻으려고 하는지 그 현실이 보입니다. 어떤 이는 이웃의 불행을 강 건너 불구경하듯 수군거리기만 하고, 어떤 이는 땅에서 도움을 얻으라고 조언하고, 또 어떤 이는 우리의 도움이 하늘로부터 온다고 조언합니다. 하지만 정작 시련 속에서 아픔을 당하고 있는 당사자는 땅과 하늘 어디를 봐야 할지 시야를 잃고 소리를 지릅니다. 이게 라파엘로가 묘사하는 산 아래 세상의 모습, 바로 우리가 살아가는 세계의 현실입니다.

누구의 변모인가

　　이제 이 그림을 멀찌감치 떨어져 다시 봅시다. 당신에게 가장 먼저 눈에 들어오는 장면은 무엇인가요? 사람마다 다르겠지만 이 작품은 우리의 시선을 자연스럽게 산 위 변모한 그리스도로 이끌며, 신성의 현현과 인간의 갈망을 동시에 포착합니다.

　　그러고 보면 베드로도 우리와 다르지 않은 것 같습니다. 마가복음 9장 5절을 보면, 이렇게 편안하고 안락한 장소, 위대한 인물과 함께하는 곳, 염려 없는 땅에 초막이라도 짓고 소소한 행복을 누리며 살고 싶다는 그의 마음을 이해할 수 있습니다. 이건 베드로만 아니라 이 세계를 살아가는 모든 이들의 꿈이기도 합니다. 우리 현실은 시끄럽고 혼란스럽습니다. 그래서 늘 탈출하고 싶고 좀 더 높고 조용한 곳, 주님이 계신 산 위로 올라가려는 꿈을 꿉니다. 좀 더 높은 수준, 뭔가 다른 삶을 희구하고, 현실을 초월한 신비한 체험을 갈망합니다. 인간의 보편적인 열망이지요.

　　신앙 생활하다 보면 그런 체험을 할 수도 있지만, 문제는 거기 머무르면 안 된다는 데 있습니다. 라파엘로의 이 작품은 우리 신앙이 그 수준에 머물러서는 안 된다는 메시지를 남깁니다. 그는 성경 구절의 미묘한 차이점을 간파하고 신앙의 실천적 측면을 강조합니다. "너희는 그의 말을 들으라"(막 9:7)라는 구절은 단순한 관조를 넘어 적극적인 행동을 요구하며, 이는 라파

114

엘로의 구성에서도 암시됩니다. 특히 주목할 만한 점은 '변형'의 개념에 대한 재해석입니다. 예수의 변형이 아닌, 제자들의 인식 변화로 해석하는 관점은 신학적으로도 흥미롭습니다. 이는 르네상스 시대의 인식론적 변화를 반영하며, 개인의 내적 변화와 깨달음의 중요성을 강조합니다.

라파엘로는 이러한 복잡한 신학적·철학적 개념을 시각적으로 풀어내는 데 탁월한 능력을 보여 줍니다. 화면 상단의 초월적 광경과 하단의 세속적 혼란의 대비는 단순한 이원론적 구도를 넘어, 신앙의 실천적 측면을 강조합니다. 산 아래로 내려감은 단순한 물리적 이동이 아닌, 신앙의 본질적 실천을 상징합니다. 더불어, 이 작품은 르네상스 시대 예술가들이 직면했던 도전을 반영합니다. 종교적 주제를 다루면서도 인문주의적 가치를 결합하는 라파엘로의 접근은 당시 예술계가 겪던 패러다임의 변화를 잘 보여 줍니다. 초월과 현실, 신성과 인간성의 조화로운 표현은 라파엘로의 예술적 성취를 잘 드러냅니다. 결론적으로, 〈그리스도의 산상 변모〉는 단순한 종교화를 넘어 인간 존재의 본질과 신앙의 진정한 의미를 탐구하는 철학적 명상으로 볼 수 있습니다. 라파엘로는 시각적 언어를 통해 복잡한 신학적·철학적 개념을 명료하게 전달하며, 감상자에게 자신의 신앙과 삶을 돌아보게 합니다.

이제 질문을 바꿔야 할 것 같습니다. 산 위에서 변한 쪽은 예수님일까요, 아니면 제자들일까요? 그보다 중요한 건, 산 위에서 그리스도의 변모를 보고 하나님의 음성을 들은 사람들이 산 밑으로 내려갔다는 사실입니다. 그렇게 하늘의 음성 때문에 산 아래로 내려가는 사람들이 진짜 교회입니다. 교회는 고고하고 거룩한 산 위에 머물지 않습니다.

여인의 두 렙돈

제임스 티소, 〈과부의 헌금〉

프랑스 항구도시 낭트에서 태어난 화가 티소James Tissot는 세 번의 인생 전환을 거치며 예술 여정을 걷습니다. 상류사회를 그리며 화려했던 파리 시기(1859-1870), 뒤틀린 삶 속에서도 새로운 도약을 이룬 런던 시기(1871-1882). 그러나 1882년 사랑하는 내연녀 캐슬린 뉴턴이 병으로 사망하자 11년간의 성공적인 런던 생활은 재앙으로 끝나게 됩니다.

그가 '파리의 여인'을 주제로 한 일련의 그림을 그리던 중 성가대원 초상화를 스케치하려고 생 쉴피스St. Sulpice 교회를 방문한 일이 있습니다. 그곳에서 신비한 체험을 하게 됩니다. 환상 중에 마음이 상한 자들과 짓밟힌 자들을 돌보시는 그리스도를 만나는데, 이 사건이 그의 인생과 예술을 송두리째 바꾼 영적 각성의 순간이 됩니다.

티소는 성지를 탐방하며 10년에 걸친 신약성서 삽화 작업을 했던 것으로도 유명합니다. 그 결과 '티소 성경'으로도 널리 알려진 《그리스도의 생애》가 탄생하게 됩니다. 이 작품은 350개의 수채화 이미지로 구성된 기념비적인 연작으로, 풍부한 관찰과 명료한 사실성을 보여 줍니다. 〈과부의 헌금〉은 그의 대작 《그리스도의 생애》에 등장하는 일부입니다.

성경을 좀 읽어 본 독자라면 두 렙돈을 헌금한 과부 이야기를 아실 겁니다(막 12:41-44). 티소는 화폭을 세 부분으로 나눠 그 의미를 담아냅니다. 교만한 표정의 바리새인과 서기관들이 성전으로 들어가는 한편, 가난한 과부는 아기를 품에 안고 서둘러 성전을 떠납니다. 복음서에는 나오지 않는 내용인데, 티소는 아기 엄마라는 설정으로 그 의미를 증폭합니다. 도드라진 부분은 성전에서 나오는 여인의 낯빛입니다.

티소는 1세기 예루살렘의 모습을 생생하게 재현하며, 당시 의복과 건축양식, 인물들의 몸짓 하나하나까지 세밀하게 표현합니다. 성전 입구를 장식하는 기둥 아래에는 나팔 달린 헌금함이 여섯 개 놓여 있는데, 이는 부자들이 자신이 넣는 많은 헌금을 자랑스레 알리던 도구입니다.

복음서에서 소개하는 이 이야기는 타락한 종교를 고발하는 동시에 가난하고 불쌍한 여인의 경건한 마음에 초점을 둡니다. 홀로 된 여인은 고대 때부터 취약한 존재입니다. 이들은

제임스 티소, 〈과부의 헌금〉
1886-1894년, 수채화, 18.3×28.1cm, 브루클린 미술관

공동체의 보호를 받아야 할 대상입니다. 그럼에도 이 여인은 자신의 전부를 하나님께 드립니다. 반면, 종교 지도자들은 겉으로는 정의를 수호하는 듯했으나, 화려한 옷자락 아래 탐욕과 위선을 감추고 있습니다. 그들은 고귀한 직무, 성직이라는 핑계로 명예와 권력, 지위를 탐했고, 보호자를 자처하면서 도리어 가난한 이들의 삶을 갈취했습니다.

이 그림에 담긴 주제는 우리의 현실을 돌아보게 합니다. 마음과 실천, 허영과 신앙, 탐욕과 관대함, 기만과 제자도, 겉모습과 진정한 경건 사이의 큰 대조를 묵상하게 합니다. 오늘이라고 다를까요. 오늘도 우리는 이 질문 앞에 섭니다. 오늘의 교회, 우리 그리고 나의 신앙은 과연 어느 쪽에 서 있을까요!

아이까지 당할까 봐, 잿빛 질린 얼굴로 성전을 뛰쳐나가는 여인의 낯빛이 자꾸만 가슴을 조여 옵니다.

모두를 위한 빛

렘브란트, 〈나사로의 부활〉

네덜란드 화가라고 하면 반 고흐부터 떠올리는 분이 많을 겁니다. 하지만 고흐보다 앞선 시대에 렘브란트가 있지요. 고흐가 렘브란트의 열렬한 팬이었다는 건 잘 알려진 사실입니다. 모델 구할 돈이 없어서 대가들의 작품 속 인물의 표정과 모습을 본떠 자신의 캔버스에 옮겼다는 것도 사실입니다. 실제로 렘브란트는 요한복음 11장에 나오는 〈나사로의 부활〉을 작품으로 남겼는데, 그 그림에서 가장 선명한 모습의 여인은 고흐의 〈나사로의 부활〉에도 등장합니다. 이것만 봐도 렘브란트가 당대에 얼마나 큰 인기를 구가하고 있었는지 가늠할 수 있습니다.

빛과 어둠

렘브란트는 빛과 어둠의 대비를 훌륭하게 조화시키는 '키아로스쿠로' 기법의 명인으로 알려져 있습니다. 카라바조 Michelangelo Merisi Caravaggio(1571-1610)의 화풍과 유사하지만, 차이도 확실합니다. 카라바조가 빛과 어둠을 극단적으로 그려 내는 반면, 렘브란트는 빛과 어둠이 섞여 있는 모호한 공간을 캔버스에 곧잘 담아냅니다. 화가들이 그려 내는 빛과 어둠을 다양하게 해석할 수 있는데, 그중 하나가 선과 악의 대비입니다. 이를 렘브란트의 그림에 적용하면, 그에게 이 땅의 현실은 선과 악이 뒤섞인 모호한 세계라고 할 수 있습니다. 그러니 이런 모호한 세계를 바라보는 그의 세계관이 카라바조와 달리 표현되는 게 아닐까 싶습니다.

렘브란트의 작품 〈나사로의 부활〉로 돌아갑시다. 1628년 11월 국가 요직에 있던 사람들Friedrich Heinrich, Constantijn Huygens이 렘브란트가 살던 라이덴에 왔을 때, 그의 여러 작품을 보고 감동해 후원하게 되는데, 이 후원에 힘입어 두 작품을 만들어 영국 왕실에 판매하게 됩니다. 그중 하나가 요한복음 11장을 배경으로 한 〈나사로의 부활〉이고, 다른 하나가 〈가룟 유다의 배신〉입니다.

요한복음 11장을 읽어 보면, 예수님은 나사로가 아프다는 소식을 듣고 바로 달려오시지 않습니다. "죽을 병이 아니

렘브란트,〈나사로의 부활〉
1630–1632년경, 패널에 유채, 96.36×81.27cm,
로스앤젤레스 카운티 미술관

다"(4절)라고 하더니 이틀이나 뜸을 들이다 죽었다는 소식을 듣고 그제야 찾아 나섭니다. 알다가도 모를 일입니다. 하지만 이 사건은 실존주의 철학의 아버지로 알려진 키르케고르의 명작 《죽음에 이르는 병》에서 가장 중요한 틀이 됩니다. 키르케고르가 보기에 예수님이 걱정하는 죽음은 생물학적 죽음만 아니라 인간의 모든 '절망'입니다. 이 절망이 인간을 죽음에 이르게 합니다. 키르케고르에게 결정적인 장면은 예수가 나사로의 무덤 앞에서 "나오라"라고 외쳤을 때입니다. 나사로가 무덤에서 일어나는 대목을 주목하면서, 모든 절망을 이길 힘이 우리 밖에 있는 구원자(그리스도)에게 있다고 강조합니다.

죽음은 우리에게 이해나 설득을 요구하는 사건이 아니지요. 게다가 죽은 자가 살아나는 것도 인간 이성으로 이해할 수 없는 일이고 설명이 가능하지도 않습니다. 그래서 키르케고르는 "신앙이란 인간의 힘과 능력, 이성에 의지하지 않는 신비한 도약Sprung; Vertrauensvorschuss"이라고 설명합니다. 그 도약은 언제나 시련과 절망을 통과합니다. 이 같은 그의 실존철학은 그의 사상적 뿌리였던 마르틴 루터의 '십자가 신학theologia crucis'과 연결해도 좋습니다.

누구일까

　다시 그림으로 돌아갑시다. 렘브란트의 그림은 무덤을 동굴로 표현합니다. 고대 유대인들이 동굴을 무덤으로 사용했다는 사실이 이 그림에 그대로 드러납니다. 저는 예수님이 이런 무덤 가운데 들어가 있는 구도가 심상치 않게 읽힙니다. 이곳의 분위기는 어둡고 칙칙합니다. 그러나 이 그림에서는 어둠보다 빛이 감상자의 시선을 사로잡습니다. 동굴 입구 같은 곳(왼편)에서 빛이 들어옵니다. 오른손을 들어 큰소리로 "나사로야 나오라!"라고 외치는 예수가 중앙에 서 있고, 그 밑에 한 여인의 얼굴이 가장 도드라집니다. 이 여인은 누구일까요? 나사로의 누이인 마르다와 마리아 중 한 명이겠지요. 둘 다 가능성은 있습니다. 제게 묻는다면, 마르다 손을 들어 주고 싶어요. 이유는 성서 본문에서 볼 수 있는데, 동생 나사로의 죽음을 가장 아파한 인물이 마르다라서입니다(요 11:39). 물론 똑같이 성서 본문을 이유로, 막달라 마리아라고 말할 수도 있습니다. 이 사건을 증언한 사람이 마리아라서입니다(요 11:45). 여하튼 나중에 예수님 앞에서 렘브란트를 만나면 물어볼 일이니, 메모해 두렵니다.

　여기 나온 인물들이 누구인지는 확실하지 않습니다. 그래도 한 명 정도는 특정할 수 있습니다. 예수님 뒤에 어정쩡하게 서 있는 수염 난 인물. 이 모델은 〈나사로의 부활〉과 비슷한 시기에 그린 작품 〈예루살렘의 멸망을 한탄하는 예레미야〉에도 등장합니다. 그리고 그 예레미야의 모델이 실은 그해 4월 운명한 렘브란트의 아버지라는 건 잘 알려져 있습니다.

그렇게 보면, 예수님 뒤에서 나사로의 부활을 지켜보는 이는 다름 아닌 렘브란트의 아버지가 됩니다. 아버지를 잃은 슬픔이 채 가시지 않은 렘브란트가 이 작품 한구석에 소망을 담아 놓은 게 아닐까 싶습니다. 그 아버지가 예수의 뒤에서 간절한 눈으로 나사로를 바라봅니다. 죽은 지 사흘 지났다는 나사로를 주목해 봅시다. 그는 예수님 말씀을 듣고 벌떡 일어나지 않습니다. 우리의 예상과 달리 나사로는 관에서 매우 힘겹게 일어납니다. 렘브란트는 이렇게 예수님 앞에 있는 나사로를, 죽음의 관에서 일어나려고 안간힘을 쓰는 인간으로 그려 냅니다. 이런 게 신앙 아닐까요! 신앙의 이름으로 어느 순간 딴사람이 돼 버리는 게 아니라, 매일매일 힘을 다해 말씀에 순종하려고 일어서는 모습!

모든 이를 위한 빛

참고로, 이 그림의 오른편에 칼과 화상통 터번이 보입니다. 시대적으로 낯선 장면입니다. 이것들은 모두 서양식이 아닙니다. 동양, 정확히 말하자면, 17세기 지구상 최고의 영향력을 행사한 인도 무굴제국 군인들의 병기입니다. 왜 하필 이런 물건

렘브란트, 〈예루살렘의 멸망을 한탄하는 예레미야〉
1630년, 목판에 유채, 58×46cm, 암스테르담 국립 미술관

이 여기 걸려 있을까요? 렘브란트는 한 작품을 완성하기 위해 열 편 이상 사본을 만들고, 마음에 들 때까지 덧칠하기로 유명한 작가입니다. 20세기 연구자들이 이 작품을 엑스레이로 촬영해 본 일이 있다고 해요. 그 결과 이 그림의 구도가 급격하게 변한 것을 발견했는데, 칼과 터번이 있던 자리는 원래 예수가 서 있던 자리였다고 합니다. 그런데 전체 구도가 확 바뀐 것이지요. 실제로 그곳 하단 어둠 속에 희미한 사람 몇몇이 여전히 그쪽을 바라보는 것을 확인할 수 있습니다. 완벽하게 수정이 안 된 탓이지요. 물론 언제 덧칠을 했는지 명확하진 않습니다. 몇 가지 가능한 추리가 있는데, 렘브란트가 1650년대 무굴제국 최고의 지도자이면서 타지마할을 건축했다고 알려진 샤 자한(1592-1666)의 후원을 받았다는 점은 이 덧칠이 1650년 이후일 수도 있는 증거가 됩니다. 하지만 이 작품이 1630/31년 영국 왕실에 팔렸다는 사실로 미루어 보건대, 그런 추론은 불가능합니다. 다만, 1630년 이전부터 렘브란트가 무굴제국에 지대한 관심이 있었다는 정도면 사실에 부합할 것 같습니다. 실제로 무굴제국과 관련된 렘브란트의 그림이 최소 23편 이상이라는 점은 이에 대한 방증입니다.

　　말이 길어졌네요. 렘브란트의 이 작품이 강조하는 것 하나만 짚고 마무리합니다. 이 그림에서 '빛'은 하늘의 은총입니다. 그 은총이 권능을 상징하는 예수의 오른팔과 통곡하는 여인 사이로 통과합니다. 그 빛이 죽은 나사로에게 임하자 그에게 생명이 찾아듭니다. 이 빛은 절망에 빠진 모두를 놀라게 합니다. 동굴에 찾아든 빛은 사람을 차별하거나 가리지 않습니다. 렘브란트에게 빛으로 표현된 하나님의 은총은 믿는 자와 믿지 않는 자들 모두에게 임하고, 모두를 하나 되게 만들며 하나의 세계로 이어 줍니다. 그리고 모두를 경이로움으로 이끕니다. 그 한 가운데 그리스도가 오른손을 들고 어두운 동굴 안에 있는 모든 사람에게 큰 소리로 말씀합니다.

"나사로야, 나오라!"(요 11:43)

2

수난과 부활

르네상스의 서막을 열다

지오토 디 본도네, 〈예루살렘 입성〉

흔히 르네상스 하면 레오나르도 다 빈치나 미켈란젤로를 떠올립니다. 하지만 이들보다 약 200년 앞서 르네상스의 씨앗을 뿌린 화가가 있습니다. 바로 '르네상스의 아버지'라 불리는 지오토 디 본도네Giotto di Bondone(1267-1337)입니다. 지오토의 이야기는 동화 같습니다. 토스카나 작은 마을 목동이던 소년이 날카로운 돌로 양들을 스케치하다 치마부에라는 유명한 화가 눈에 띄어 예술가의 길로 들어섭니다. 이 일화는 지오토의 타고난 재능과 자연을 관찰하는 예리한 눈이 얼마나 뛰어난지를 보여 줍니다. 르네상스 예술가들의 전기를 쓴 조르조 바사리가 들려주는 스승 치마부에와의 일화도 흥미롭습니다. 스승의 그림에 파리를 그려 넣어 속였다는 이야기는 지오토의 뛰어난 사실

지오토 디 본도네,
149-155년 사이에 제작된 사후 초상화

주의적 기법을 보여 주는 동시에, 그의 장난기 어린 성격도 엿볼 수 있습니다.

지오토의 작품이 특별한 이유는 따로 있습니다. 그는 중세 미술의 틀을 깨고 현실적이고 생동감 있게 표현한 실험 정신을 보여 줍니다. 중세 미술이 평면적이고 도식적이었다면, 지오토는 원근법과 입체감을 도입하여 그림에 깊이를 더했습니다. 인물의 표정과 자세를 섬세하게 묘사하여 감정을 생생하게 전달했죠. 이렇게 인간의 감정을 그려 넣는 건 르네상스 이전에는 보기 힘든 혁신적인 시도였습니다.

스크로베니 예배당과 〈예루살렘 입성〉

지오토의 대표작으로 꼽히는 스크로베니 예배당 프레스코화는 그의 예술적 역량이 절정에 달한 명작입니다. 파도바에 위치한 이 예배당은 부유한 은행가 엔리코 스크로베니가 부당한 고리대금업으로 부자가 된 아버지의 죄를 속하려고 건립한 것으로, 지오토는 이곳 벽면을 성경 이야기로 가득 채웠습니다. 예배당의 많은 벽화 가운데 〈예루살렘 입성〉은 지오토의 예수님 생애 연작 중 하나입니다. 이 그림은 예수님이 예루살렘에 입성하는 장면을 묘사하면서 성경 이야기의 재현을 넘어 깊은 상징과 의미를 담고 있습니다.

스크로베니 예배당 외부와 내부

지오토, 〈예루살렘 입성〉
1305년경, 프레스코화, 200×185cm, 스크로베니 예배당

그림 중앙에 나귀를 탄 예수님이 보이고, 왼쪽엔 제자들이(수동적인 그룹), 오른쪽엔 주님을 환영하는 예루살렘 사람들이(능동적인 그룹) 배치됩니다. 이러한 구도는 단순한 장면 묘사를 넘어서서 깊은 상징적 의미를 내포합니다. 예수님의 모습에 주목해 보세요. 붉은 망토를 입은 그분의 모습은 위엄 있으면서도 겸손합니다. 붉은색은 그가 흘릴 피를, 나귀는 그의 겸손을 상징합니다. 오른손으로 축복을 내리고 있는데, 이 손짓에도 의미가 담겨 있습니다. 세 손가락은 삼위일체를, 두 손가락은 예수님의 신성과 인성을 나타냅니다. 중세 종교화에서 흔히 볼 수 있는 전형적인 도상입니다.

제자들의 모습도 흥미롭습니다. 그들의 표정에서 우리는 놀람, 경외, 약간의 불안을 읽을 수 있습니다. 이는 앞으로 일어날 사건들에 대한 그들의 복잡한 심리를 보여 주는 것이겠죠. 이에 비해 예수님을 맞이하는 사람들의 모습은 열광적입니다. 옷을 벗어 길에 깔고, 나뭇가지를 흔들며 환영합니다. "호산나 다윗의 자손이여, 찬송하리로다. 주의 이름으로 오시는 이여, 가장 높은 곳에서 호산나"(마 21:9)라는 영광송이 이곳에서 들리는 듯합니다. 거의 즉흥적인 레드카펫 분위기입니다. 나무에 매달린 두 인물도 주목해 보세요. 이들은 천사를 연상시키는데, 동시에 예수님의 수난과 부활을 암시하는 듯합니다. 흰옷 입은 이 두 인물이 예수님 양옆의 나무에 매달려 있다는 점은 훗날 예수님과 함께 십자가에 못 박힌 두 강도를 떠올리게까지 합니다.

지오토의 그림에서 우리는 중세에서 르네상스로 넘어가는 과도기적 특징을 볼 수 있습니다. 예를 들어, 망토를 벗으려는 오른쪽 인물의 모습은 순간적인 동작을 포착했는데, 이는 중세 미술에서는 보기 힘든 표현법입니다. 이와 더불어 지오토는 원근법과 명암법을 사용하여 그림에 깊이감을 더합니다. 인물의 정면만 그리던 이전 시대와 달리 인물의 자세도 다양해져서 정면, 측면, 뒷모습 등 다양한 각도에서 묘사합니다. 배경도 이전 시대와 달리 신성한 공간을 암시하는 금빛 배경에서 벗어나 푸른 하늘과 나무, 건축물이 있는 실제 풍경을 재현합니다. 그림의 기법도 흥미롭습니다. 거의 모든 벽화는 습식 프레스코 기법을 사용했지만, 예수님의 청색 옷만큼은 건식 프레스코 기법을 사용했습니다. 이는 당시 고가였던 울트라마린 청색 안료의 특성 때문이었죠. 하지만 이 실험은 그리 성공적이지 못했고, 지금은 그 색이 많이 바랜 것을 볼 수 있습니다.

그림에서 예수님 다음으로 중요한 요소는 바로 나귀입니다. 나귀는 성경에 종종 등장하는 동물로, 예수님의 탄생 때 베들레헴으로 가는 길이나 이집트로 도피할 때, 그리고 이제는 십자가를 지시기 직전까지 함께했습니다. 이 그림에서 나귀는 단순한 운송 수단이 아니라 겸손과 봉사를 상징합니다. 스가랴 선지자의 예언도 생각나네요. "시온의 딸아, 크게 기뻐할지어다. 예루살렘의 딸아, 즐거이 부를지어다. 보라, 네 왕이 네게 임하시나니 그는 공의로우시며 구원을 베푸시며 겸손하여서 나귀를 타시나니 나귀의 작은 것 곧 나귀 새끼니라"(슥 9:9). 나귀의 모습을 봅시다. 자세히 보면, 한 다리는 들어 올리고 나머지 한 다리는 땅에 단단히 딛고 있습니다. 이 모습은 제자들과 즉흥적으로 환호하는 군중의 모습을 대조하는 것 같습니다. 귀의 방향도 의미심장합니다. 뒤로 향한 귀는 주님 말씀에 귀 기울이는 모습을, 앞을 향한 귀는 다가올 미래에 대한 주의를 의미합니다. 이렇게 나귀의 모습은 과거에서 미래로, 현재의 찬양에서 다가올 수난으로 이야기를 이끄는 매개 역할을 합니다.

지오토의 이 작품은 단순히 성경 이야기를 그린 것이 아닙니다. 14세기 초 이탈리아의 복잡한 정치 상황과 종교 상황을 반영하고 있기도 합니다. 시대적으로 교황권과 세속 권력 간의 갈등이 깊어지던 시기였는데, 이 그림은 그리스도의 겸손과 평화로운 통치를 강조함으로써 당시 권력자들에게 간접적인 메시지를 전달합니다.

르네상스를 향한 첫걸음

지오토의 〈예루살렘 입성〉은 단순한 종교화가 아닙니다. 이 작품은 중세에서 르네상스로 넘어가는 과도기의 혁신적인 미술 기법을 보여 주며, 동시에 깊은 신학적·철학적 의미를 담고 있습니다. 또한 당시 사회상을 반영하면서도 보편적인 인간의 모습을 그려 냅니다. 지오토의 이러한 혁신은 이후 르네상스 미술의 발전에 지대한 영향을 미치게 되는데, 마사초, 우첼로 등 후대 화가들은 지오토가 열어 놓은 길을 따라 더욱 발전된 기법과 표현을 선보입니다. 지오토를 '르네상스의 아버지'라고 부르는 이유입니다.

오늘날 우리가 지오토의 작품에서 여전히 감동을 얻는 이유는 무엇일까요? 그것은 아마도 그가 그린 인물들의 생생한 표정과 동작, 그리고 그 속에 담긴 적나라한 감정 때문일 것입니다. 지오토는 성경 이야기를 우리 이야기로 만들었고, 이를 통해 삶의 의미와 가치를 돌아보게 합니다. 그의 붓끝에서 시작된 르네상스 정신은 오늘날까지도 우리에게 영감을 줍니다. 예술을 통해 인간의 존엄성과 가치를 발견하고, 현실을 새로운 시각으로 바라보며, 더 나은 세상을 꿈꾸는 그 정신 말입니다. 그림 한 편만으로도 우리는 과거를 돌아보고, 현재를 성찰하며, 미래로 나아갈 지혜를 묵상할 수 있습니다.

오늘을 비추는 거울

지오토 디 본도네, 〈유다의 배신〉

우리는 종종 미술관에서 오래된 그림들을 마주하며 '저게 나와 무슨 상관이 있을까?'라고 생각합니다. 하지만 이탈리아의 거장 지오토 디 본도네의 〈유다의 배신〉은 700년이라는 긴 세월을 뛰어넘어 우리의 현실을 날카롭게 꼬집습니다.

색채의 언어

지오토는 1304-1306년경 스크로베니 성당 벽에 예수의 일대기를 그렸는데, 〈유다의 배신〉은 그 가운데 하나입니다. 프레스코화치고는 작은 150×140센티미터 크기지만, 강렬한 메시지를 담고 있습니다. 지오토는 누구일까요? 그는 13-14세기 이탈리아 르네상스의 선구자로 불리는 화가입니다. 그의 작품은 중세 미술의 딱딱하고 평면적인 스타일에서 벗어나 입체감과 사실성을 추구했다는 점에서 혁명적이었습니다. 〈유다의 배신〉에서도 우리는 인물들의 표정과 자세에서 생생한 현실감을 느낄 수 있습니다.

이 그림에는 네 인물이 등장합니다. 왼쪽에 노란 망토를 입은 사람이 가룟 유다, 빨간 망토를 입은 이가 대제사장 가야바, 오른쪽에 있는 나머지 두 명은 가야바를 따르는 제사장들입니다. 여기서 잠깐, 색깔의 의미를 한번 생각해 볼까요? 빨간색은 예나 지금이나 권위를 상징합니다. 현대 정치인들의 빨간 넥타이부터 로마가톨릭 추기경의 의복까지 빨간색은 '힘'을 나타냅니다. 심지어 회사에서도 '빨간 펜'으로 결재하는 사람이 '큰손'이죠. 반면 노란색은 어떨까요? 전통적으로 미술에서 노란색은 시기, 질투, 허영심을 상징합니다. 배신자 유다에게 노란 망토가 어울리는 이유입니다. 마치 현대 사회에서 "속이 노랗다"라는 표현이 부정적인 의미를 갖는 것과 비슷합니다.

이 그림에서 가장 흥미로운 부분은 유다 뒤 검은 그림자입니다. 이는 사탄을 상징하는데, 유다가 자신도 모르는 사이에 악의 영향 아래 있음을 나타냅니다. 이 부분은 우리에게 깊은 생각거리를 제공합니다. 우리도 종종 자신의 행동이 순수한 의도에서 나왔다고 믿지만, 실제로는 보이지 않는 욕심이나 이기

지오토, 〈유다의 배신〉
1304-1306년경, 프레스코화, 150×140cm, 스크로베니 예배당

심에 휘둘리는 경우가 있습니다. 마치 유다가 은 서른 냥에 눈이 멀어 예수를 팔아넘기듯이 말이죠. 특히 인지편향을 가진 사람을 만나면 15세기 독일 철학자 니콜라스 쿠자누스의 '독타 이그노란티아*docta ignorantia*', 즉 '학식 있는 무지'라는 말이 떠오릅니다. 하지만 이런 편향적 사고는 비단 유다 같은 배신자에게만 있는 건 아닙니다. 우리도 마찬가지입니다. 많은 것을 알고 있다고 생각하지만, 실상은 더 큰 무지 가운데 있을 수 있는 게 우리 같은 보통 사람의 모습입니다. 유다의 모습은 바로 이런 인간의 한계를 상징적으로 보여 줍니다.

현대 사회와 '참 진리'의 부재

지오토의 작품은 700년이 지난 오늘날에도 여전히 유효한 메시지를 전합니다. 우리 주변을 둘러보세요. 어제의 동지가 오늘의 적이 되고, 동료 사이에서도 자기 이익만을 챙기는 모습, 달면 삼키고 쓰면 뱉는 모습. 이는 마치 유다가 은 서른 냥에 예수를 팔아넘기는 장면과 다를 바 없어 보입니다.

그렇게 사는 우리에게 해답은 없을까요? 지오토의 그림은 '성령의 법'이라는 개념을 통해 해답을 제시합니다. 이는 단순한 종교적 개념이 아닌, 보편적 윤리 지침이 될 수 있습니다. 사랑, 희락, 화평, 인내, 자비, 양선, 충성, 온유, 절제. 성경에선 이를 성령의 아홉 가지 열매라고 부릅니다. 그런데 이 열매들을 잘 살펴보면, 어느 것 하나 혼자 가능한 게 없습니다. 모두 관계에서 비롯되는 보편적 가치들입니다. 이런 가치를 추구하며 살아가는 것이 현대 사회의 혼란을 극복하는 길일 것입니다.

미술을 통한 성찰과 치유

지오토의 〈유다의 배신〉은 단순한 성경 이야기의 재현이 아닙니다. 우리의 현재를 비추는 거울이자, 미래를 향한 나침반입니다. 이 작품이 전하는 메시지는 오늘날에도 여전히 유효합니다.

우리 모두가 유다처럼 순간의 욕심에 휩싸이지 않고, 참된 가치를 추구하며 살아갈 수 있기를 바랍니다. 마치 맑은 공기를 찾아 산과 바다로 떠나듯, 우리도 삶의 진정한 가치를 찾아 나서야 할 때입니다. 미술은 단순한 감상 대상이 아닙니다. 우리 삶과 사회를 성찰하게 하는 강력한 도구입니다. 지오토의 작품을 통해 우리는 700년 전 화가의 눈에 비친 인간 본성과 오늘날 우리가 직면한 문제들 사이에서 놀라운 연관성을 발견할 수 있습니다. 다음에 미술관을 찾게 되면 그림 앞에 잠시 멈추어 서서 생각해 보세요. '이 그림이 나에게, 그리고 우리 사회에 무엇을 말하고 있을까?' 그때 당신은 미술의 진정한 힘을 경험하게 될 것입니다.

나를 위한 식탁

레오나르도 다 빈치, 〈최후의 만찬〉

시대를 뛰어넘어 사랑받고 있는 화가이자, 우리의 창의성을 논할 때마다 어김없이 호출되는 인물이 바로 레오나르도 다 빈치Leonardo da Vinci(1452-1519)입니다. 그의 작품 가운데 가장 유명한 건 단연코 〈최후의 만찬〉입니다. 배경은 예수님이 잡히시기 전날 밤이지요(요 13:21-30). 제자 가운데 한 사람이 배신할 것이라고 예수가 말하자, 이에 충격받은 제자들의 모습이 여기 담겨 있습니다. 물론, 다 빈치가 이 장면을 그린 최초의 사람은 아닙니다. 하지만 그가 마지막 만찬을 표현하는 방식은 확실히 특별합니다.

훼손과 복구

현대의 일부 감상자들은 선명한 선과 색채, 완벽한 원근법으로 인간 내면을 이상적으로 담아낸 르네상스 예술의 최고봉이라고 경탄합니다. 하지만 실제로는 심각한 훼손으로 인해 복구 이전까지는 원작이 무엇인지 감도 안 잡힐 정도였다고 합니다. 1500년과 1800년 밀라노를 뒤덮은 두 차례 대홍수 때문에 이 벽화는 물에 잠겨 심각한 손상을 입습니다. 1652년에는 식당에 출입구를 낸답시고 식탁 하단 중앙을 뚫어서 아치형 구조물의 흔적이 생겨 버렸고, 18세기 말 나폴레옹 군대가 밀라노를 침공했을 때는 군인들이 이곳을 창고와 마구간으로 사용하면서 벽에 그려진 제자들의 얼굴을 사격 훈련용 표적으로 사용했다고 합니다. 그러니 이 작품이 얼마나 심하게 훼손되었을지는 여러분의 상상에 맡기겠습니다. 그 후에도 수난의 역사는 그치지 않았습니다. 1943년 제2차 세계대전 당시 연합군의 폭격으로 식당이 거의 완파되었지만, 1977년부터 1999년까지 약 22년에 걸친 복구 작업으로 지금의 벽화가 가까스로 남게 됩니다. 이런 역사로 인해 복구 이전에는 열두 제자의 주인공이 도대체 누구인지 분간하기 힘들어서 그저 예수님과 베드로, 가룟 유다 정도만 특정할 수 있었다고 합니다. 그래서 그림 속 인물이 누구인지, 거기 담긴 물체들의 의미가 무엇인지를 놓고 다양한 가설과 음모론이 제기되기도 했습니다. 그러다 19세기에 이르러 다 빈치의 스케치 습작 메모가 여러 장 발견되면서 최소한 그림 속 인물이 누구인지 정도는 밝혀지게 됩니다.

구도와 인물

우선 인물들을 살펴봅시다. 식탁 중앙에는 예수, 그의 왼편(감상자의 시각 오른편)으로 도마, 야고보, 빌립 세 사람이 보입니다. 도마는 지금 검지를 위로 향하고 있어 '의심의 사람'이라는 것을 알립니다. "보아너게 곧 우레의 아들"(막 3:17)로 불리는 야고보는 화난 얼굴로 충격을 받은 듯 두 팔 벌리고 따지는 모습입니다. 빌립은 그의 꼼꼼한 성격을 증명하듯 어떤 설명을 정중하게 요구합니다. 맨 끝에 모인 세 사람은 마태, 다대오, 시몬입니다. 다대오와 마태는 시몬 쪽으로 시선을 돌려 무언가를 시몬에게 묻습니다.

예수님의 오른편(감상자의 시각 왼편)에는 중앙에서부터 요한, 베드로, 유다 순서(얼굴 순)로 배치됩니다. 요한과 베드로 사이에 앉아 있던 유다가 자신의 계획이 들킨 걸 알자 흠칫 놀라는 표정을 보입니다. 잘 보면 그가 오른손으로 뭔가를 꽉 쥐고 있는데, 성경의 기록을 염두에 두면, 배신의 대가로 받았던 은삼십 냥 돈주머니가 확실합니다. 그 옆의 세 사람은 바돌로메, 알패오의 아들 야고보, 안드레입니다. 이들은 식탁 끝에서 모두

레오나르도 다 빈치,〈최후의 만찬〉
1495-1498년경, 석고 바탕 템페라, 460×880cm,
산타 마리아 델레 그라치에 성당

놀라서 말문이 막혀 버립니다.

식탁에서 예수를 중심으로 사도들이 세 명씩 그룹 지어 좌우로 배치된 것을 두고, 어떤 이들은 다 빈치의 신앙적 의도가 담겼다고 설명하기도 합니다. 제자 그룹뿐 아니라 예수 뒤편 밖으로 난 창문도 세 개, 식탁 중앙에 앉은 예수의 구도도 삼각형입니다. 이렇게 '3'을 반복하는 것은 '삼위일체' 교리를 강조하려는 의도라는 것이지요. 이에 덧붙여, 식탁에 앉은 사람의 패턴이 '33133'인 것은 성서의 특정 구절을 비밀리에 담아 놓은 은유로서, 이 패턴은 예레미야 애가 3장 31-33절 말씀을 이른다고 추측하기도 합니다.

> 이는 주께서 영원하도록 버리지 아니하실 것임이며, 그가 비록 근심하게 하시나 그의 풍부한 인자하심에 따라 긍휼히 여기실 것임이라. 주께서 인생으로 고생하게 하시며 근심하게 하심은 본심이 아니시로다. (애 3:31-33)

이 그림을 그리던 때 다 빈치를 비난하던 사람들은 그가 지옥에 가게 될 것이라고 욕을 퍼부었지만, 다 빈치 자신은 한없이 자비로운 하나님이 자신을 영원히 버리지 않을 것이라고 믿고, 그 신앙 고백을 이렇게 그림에 담아 놨다는 것이지요. 이런 주장이 설득력 있게 들리는 이유가 있습니다. 다 빈치가 그의 작품 대부분을 무언가 메시지를 전달하는 상징과 암시로 사용하기 때문입니다. 이렇게 보면, 다 빈치는 참 교회 친화적이고 신앙적인 것 같아요. 그런데 꼭 그렇게만 볼 수 없는 이유도 작품 곳곳에서 발견됩니다.

배신자와 수제자

이 작품에서 유다의 모습은 유난히 많은 상징을 담고 있습니다. 그의 모습을 주목해 봅시다. 우선 그의 머리가 다른 제자들에 비해 얼마나 낮은 위치에 그려져 있는지, 그의 얼굴이나 안색이 얼마나 어둡고 탁한지도 확인해 보길 바랍니다. 열두 제자 가운데 그런 인물은 유다가 유일합니다. 그림에서 배신자 유다는 왼손잡이입니다. 고대에 왼손잡이는 종종 불길하거나 미쳤거나 하나님을 거부하는 사람과 연관이 있습니다. 왼손잡이는 저주, 배신, 불운을 상징했습니다. 다 빈치는 고대 사회로부터 이어진 통념을 받아들여 유다를 왼손잡이로 그려 넣습니다. 그가 그리스도의 죽음을 가져온 배신자라는 것이지요. 이 그림에서 유다가 배신자라는 암시는 그것 말고도 더 보입니다. 한 가지 흥미로운 건, 돈주머니를 쥔 가룟 유다의 오른 손목 옆 소금 통이 쓰러져 있다는 점입니다. 밀라노 수도원 벽화에서는 잘 보이지 않습니다만, 다 빈치의 조수들이 직접 그린 것으로 추정되는 사본에서는 선명하게 보입니다.

안드레아 솔라리, 〈최후의 만찬〉
1520년경, 캔버스에 유채, 418×794cm,
벨기에 통겔로 수도원 레오나르도 다 빈치 박물관

잠피에트리노, 〈최후의 만찬〉
1520년경, 캔버스에 유채, 298×770cm, 런던 왕립예술원

이는 유럽 사회에서 오래된 은유입니다. "소금을 넘어뜨린다"라는 건 "주인을 배반한다"라는 뜻입니다. 고대 로마군에게 소금으로 급여를 지급했다는 건 잘 알려진 역사적 사실입니다. 이게 나중에 급여를 뜻하는 '셀러리salary'의 유래라는 걸 고려하면, 유다 앞 소금 병이 넘어진 뜻을 쉽게 이해할 수 있습니다. 소금 병을 쓰러뜨렸다는 건, 곧 급여를 거부했다는 말이 되고, 이는 직장을 바꾼다, 주인을 바꾼다는 뜻이 됩니다. 유다의 주인은 이제 예수가 아니라는 은유이지요. 소금을 쏟는 이 장면은 성서 이야기로도 동일한 의미를 추출할 수 있습니다. 레위기에서 소금은 언약의 상징이며, 신약에서는 하나님의 자녀를 상징하는 기호입니다. 그래서 고대 교회에서는 소금을 순결, 부패하지 않음, 신실함, 우정, 악에 대한 보호와 연결하곤 했습니다. 즉, 유다가 소금 병을 엎질렀다는 것은 이 모든 것을 거부했다는 의미입니다. 그리스도와의 모든 언약 관계가 파열되고 단절됩니다. 유다는 그렇게 그리스도와 그의 사도직에서 영원히 멀어집니다.

이번엔 수제자 베드로를 봅시다. 이 그림에서 베드로도 배신자 유다만큼 풍부한 상징을 담고 있습니다. 그는 오른손에 칼을 든 채 분노합니다. 이 모습은 식사 후 곧 벌어질 사건을 암시합니다. 겟세마네 동산에 올라가서 예수가 체포될 때 칼부림하며 군인 말고의 귀를 자른 일을 기억하실 겁니다. 하지만 호사가들은 칼을 쥔 오른손보다 예수님 곁에서 잠든 요한의 목을 겨누는 왼손에 주목합니다. 이는 요한복음에 암시된 요한과 베드로 사이의 긴장 관계를 나타냅니다. 다 빈치는 베드로가 그의 자리를 위협하는 요한을 살해하려는 마음을 가졌을 것으로 보고 이렇게 그렸다는 겁니다. 그 위협에 무력하게 당하는 요한은 잠자는 모습으로 그려집니다. 어떤 조직이건 힘없는 자의 현실이겠지요. 물론, 일반적인 해석은 예수님 곁에서 잠들어 기절한 요한의 모습을 최후의 만찬 직후 겟세마네 동산에 올라 기도할 때 잠들게 될 제자들로 설명합니다. 다 빈치가 성서의 사건을 이런 식으로 암시했고, 제아무리 사랑받는 제자라도 육체의 욕망을 이기기 어렵다는 뜻일 겁니다.

추측과 진실

앞서 언급했듯, 이 작품은 신학적으로 삼위일체를 강조하는 신앙적이고 교회적인 작품으로 볼 수 있습니다. 하지만 꼭 그런 건 아닙니다. 이 작품이 그리도 논란이 많은 건, 최후의 만찬을 그린 그 시대 다른 작품들과 차이가 있기 때문입니다. 예를 들어, 후광이 있고 없고는 중요합니다. 중세 성화에서 예수님과 사도들 머리에 후광을 그려 넣는 건 자연스러운 일입니다. 그런데 다 빈치의 이 작품에는 후광이 보이지 않습니다. 사람들은 다 빈치가 예수의 신성과 사도들의 권위, 더 나아가 자신이 살던 중세 말 교회의 가르침을 의심하던 회의론자였다고 하면서 그 증거로 이 작품을 들곤 합니다. 후광이 없다는 것은, 제자들은 거룩하게 소명받은 성자가 아닌 평민이었고, 예수도 신적인 존재가 아니라 필멸의 존재였다는 뜻으로 해석합니다. 이런 가설을 뒷받침하는 또 다른 증거로 식탁 오른편 끝에서 두 번째 인물인 다대오가 예수님으로부터 멀어지고 있는데, 그의 얼굴이 바로 이 작품의 원작자인 레오나르도 다 빈치의 자화상이라고 주장하기도 합니다.

가장 유명한 논란은 2003년 댄 브라운의 소설《다 빈치 코드》가 불러일으킨 논란일 겁니다. 영화로도 제작되어 전 세계적인 흥행 몰이에 성공한 작품입니다. 거기서도 이 그림을 언급하는데, 예수님의 오른편, 그러니까 감상자 기준으로 예수님 왼편 인물이 사랑하는 제자 요한이 아니라 예수님의 여인인 막달라 마리아라는 식으로 줄거리를 전개합니다. 긴 머리와 창백한 피부와 외모가 전형적인 여성이고, 예수님과 이 논란의 인물 사이에 선을 이어 보면, 미묘하게 마리아를 상징하는 'M'이 그려진다는 것이지요. 게다가 막달라 마리아라고 주장하는 이 여인이 실제로는 예수의 아내였다는 주장까지 덧붙여집니다. 이와 관련해서 이 작품엔 포도주를 담은 성배가 보이지 않는다는 것을 그 증거로 댑니다. 그러면서 성배를 나타내는 'V'는 예수와 마리아의 붉은 옷이 그 암시이며, 그녀가 바로 그리스도의 몸을 담는 성배 그 자체이기에, 이 작품에 의도적으로 성배를 그려 넣지 않았다고 주장합니다. 게다가, 베드로가 이 여인의 목을 겨누어 위협하는 장면은 남성 본위의 사도 그룹, 남성 지상주의의 교회 체계에 여성이 들어오는 것을 거부하던 중세 교회를 다 빈치가 에둘러 비판하는 것으로 설명하기도 합니다.

물론, 이런 설명은 모두 호사가들의 재미난 가설일 뿐입니다. 레오나르도 다 빈치가 이 작품을 그리려고 수백 점의 다른 〈최후의 만찬〉을 베꼈고, 사도 요한은 언제나 젊고 여성스러운 모습으로 그려진다는 것 정도는 그 시대가 공유하던 일반 상식입니다. 다 빈치의 습작 메모가 발견된 사실을 아는 사람이라면 댄 브라운의 이야기도 소설 그 이상도 이하도 아니라는 걸 잘 아실 겁니다. 그럼에도 이렇게 다양한 가설과 해석이 있다는 건, 이 작품에 내재된 은밀한 상징들을 이해하려고 지대한 관심을 쏟고 있다는 방증입니다. 대부분은 추측이고 가설입니다. 심지어 억측도 있습니다. 이 작품의 진실은 예술가 자신만 알고 있을 겁니다.

분명한 것은, 이 그림이 수도원 식당 끝 벽에 있고, 식탁 위 음식이 그림 속 제자가 아닌 식당에 자리한 사람들, 식탁 전면, 즉 감상자들을 향해 배치되어 있다는 점입니다. 저는 그것으로 이 작품의 의도가 충분하다고 봅니다. 이것으로 레오나르도 다 빈치는 주의 만찬이 모든 이를 위한 식사라고 말하고 싶었던 것 같습니다. 나중에 그를 만나면, 꼭 물어보렵니다. "아저씨, 제 추측이 맞나요?"

예수가 되든지, 개가 되든지

페테르 파울 루벤스, 〈최후의 만찬〉

거룩한 만찬

그림 앞에서 넋을 잃을 때가 있습니다. 얼마 전에 페테르 파울 루벤스의 〈최후의 만찬〉이 눈에 들어왔습니다. 레오나르 도 다 빈치의 작품만큼 유명하진 않지만, 이 그림은 그 자체로 많은 이야깃거리를 담고 있습니다. 한 부유한 여성Catherine Lescuyer이 자기 아버지를 기리기 위해 루벤스에게 의뢰해서 벨 기에의 한 교회Church of St Rombout in Mechelen, Belgium 제단화 일부 로 쓰인 작품입니다. 빵을 든 예수님의 머리엔 후광이 둘러 있 고, 그분이 바라보는 하늘에서 빛이 내려옵니다. 깨끗한 흰색 식탁 위엔 포도주 한 잔이 자기 순서를 기다립니다. 그 주위에

페테르 파울 루벤스, 〈최후의 만찬〉
1631-1632년경, 캔버스에 유채, 304×250cm, 브레라 미술관

주님의 열두 제자가 빼곡히 둘러앉아 있습니다. 오른편 제단 위에 펼쳐진 성경과 초 두 개는 참 신이요 참 인간으로 성육하신 그리스도가 이곳의 주인이라는 걸 암시합니다. 여기까지는 전형적인 최후의 만찬입니다.

특별한 건 이제부터입니다. 제자들의 시선이 감상자를 혼란스럽게 합니다. 방향이 제각각입니다. 누구는 예수를, 누구는 동료를, 누구는 빵을, 누구는 허공을 바라봅니다. 표정도 제각각입니다. 놀람과 당황, 호기심과 진지함이 온통 섞여 있습니다. 무엇보다 감상하는 나를 근심스러운 얼굴로 쳐다보는 이가 걸립니다. 배신의 색깔인 누런 망토로 봐서 가룟 유다가 분명합니다. 오른손으로 입을 가리고 감상자인 나를 바라보는 그의 시선이 어딘지 불안합니다.

식탁 아래의 개

감상자를 뚫어지게 바라보는 시선이 하나 더 있습니다. 식탁 밑에 숨은 개가 무언가를 입에 가득 물고 탐욕스러운 눈빛으로 나를 응시합니다. 서양화에서 개는 믿음과 신뢰를 뜻하기도 하지만, 이 개는 탐욕과 악의 배신자 가룟 유다의 동반자로 그려집니다. 고깃덩이를 문 개의 표정이 탐욕스럽다 못해 무섭습니다. 우리가 아는 최후의 만찬에는 빵과 포도주밖에 없는데,

어디서 왔는지 고깃덩어리가 거룩한 식탁 밑에 숨어들어와 있습니다. 다른 사람은 몰라도 이 장면을 보는 감상자는 성찬과 탐욕스러운 고깃덩어리가 한 방에 함께 있다는 걸 압니다.

루벤스는 무엇을 말하고 싶었던 걸까요? 이 그림은 가룟 유다의 근심 어린 표정으로 우리에게 말을 겁니다. "거룩한 생명의 양식을 함께 나눌 것인가? 아니면 식탁 밑 개처럼 몰래 자기 배만 불릴 것인가?" 거룩한 식탁 주변엔 제자도 있고, 개도 있습니다. 거룩한 성찬의 식탁에 초대받은 우리는 어떤 삶을 살아야 할까요?

이 그림은 비단 그리스도인들에게만 의미가 있는 건 아닙니다. 나눔과 감사를 잃고 탐욕과 아집으로 물든 우리 시대를 돌아보게 합니다. 예수님 손에 들린 거룩한 빵과 탐욕스러운 개의 고깃덩어리가 극명하게 대조됩니다. 우리는 둘 중 하나를 먹게 될 겁니다. 가룟 유다의 심상찮은 눈빛이 '너도 둘 중 하나 아니냐'라며 다그치는 것 같습니다. 맞아요. 우린 둘 중 하나가 될 겁니다. 예수가 되든지 아니면 개가 되든지! 아무래도 속내를 들킨 것 같아 불편합니다.

배신과 용서

프리다 칼로, 〈상처 입은 식탁〉[7]

유다에게 배신당하던 밤, 예수님은 제자들과 함께 식탁을 나누십니다. 원래 이 만찬은 가족끼리 모이는 유대인의 유월절 식사였지만, 예수님은 그 자리에 가족이 아닌 제자들을 초대하셨고, 이들이 하나님 나라의 새 가족이 됩니다. 그래서 성찬을 나눌 때마다 우리는 그날 일을 기억하며 하나님 나라 가족으로 어떻게 살아야 할지 다짐합니다. 하지만 그날의 식탁은 기쁜 환대만 가득한 날이 아닙니다. 그날은 가장 가까운 이에게 배반당하는 배신의 밤, 죽음으로 가는 길목이었다고 성경이 가르칩니다.

날이 저물어 제자들이 만찬 자리에 모두 모이자, 예수님이 뜬금없이 이렇게 입을 떼십니다. "너희 중의 한 사람이 나를

프리다 칼로, 〈상처 입은 식탁〉
1940년, 목판에 유채, 122×244cm, 소장처 미정

팔 것이다"(막 14:18). 제자들이 놀라 한 사람씩 이렇게 말합니다. "선생님, 저는 아니지요? 저는 아니지요? 저는 아니지요? 배신할 사람이!" 하지만 그 반응 끝에 예수님은 "너희가 다 나를 버릴 것이다"(14:27)라고 말씀합니다. 예수님과 제자들뿐 아니라 오늘 우리도 매일, 매시간, 모든 곳에서 배신하고 배신당하며 삽니다.

상처 입은 식탁

멕시코 화가 프리다 칼로Frida Kahlo(1907-1954)의 작품 중 〈상처 입은 식탁La mesa herida〉이라는 그림이 있습니다. 이 작품은 레오나르도 다 빈치의 〈최후의 만찬〉을 떠올리게 합니다. 그러나 몇 가지가 바뀌어 있습니다. 식탁 중앙 예수님이 앉아 계시던 곳에 자기 자신을 그려 넣고는 배신당한 예수님처럼 자신도 배신당했다는 것을 보여 줍니다.

그녀의 왼쪽에는 해골만 남은 사람이 앉아 있고, 오른쪽에는 멜빵 바지를 입은 인물이 앉아 있는데, 그 모습이 기괴합니다. 몸은 괴상하게 부풀어 있고, 얼굴은 〈팀 버튼의 크리스마스 악몽〉에나 나올 것 같은 유령의 모습입니다. 얼굴과 몸에서 피가 낭자하고 몸 곳곳에 링거가 꽂혀 있습니다. 그가 여인(프리다)의 어깨에 왼팔을 둘러 끌어안습니다. 그렇게 둘은 부부처럼 중앙에 앉아 있습니다. 게다가 여인의 잘린 오른팔은 나무 의자와 이해할 수 없는 모습으로 연결되어 있습니다. 이 그림에서 여인의 오른편에 앉은 기괴한 멜빵바지 차림의 인물이 누구인지 알 수 있을 것 같아요. 그림을 자세히 살펴보면, 작가인 프리다 칼로의 갈매기 눈썹이 그 사람에게도 보입니다. 그 남자도 프리다 칼로입니다. 작가는 이렇게 자신을 예수와 배신자 유다의 자리에 모두 그려 넣습니다.

그런 다음에 프리다 칼로가 이렇게 말하는 것 같습니다. "나는 배신당했습니다. 내 몸에게 배신당했고, 사람들에게도 배신당했습니다. (예수처럼) 가까운 이를 위해 삶을 바쳤지만, 그에게 배신당했습니다." 실제로 그녀의 삶이 그러했습니다. 6세에 소아마비가 생겨 한쪽 다리를 절게 되었고, 17세 꿈 많던 소녀 시절 하굣길에서 전차와 버스가 충돌하는 사고로 승객용 손잡이가 달려 있던 쇠 파이프가 가슴과 척추, 골반, 자궁을 관통하는 끔찍한 교통사고 한가운데서 간신히 생명을 건지게 됩니다. 그 후로 39번의 수술로 몸 전체에 금속 지지대와 철심을 박아야 했고, 알코올과 모르핀의 힘으로 고통을 견뎌야 했습니다. 세 차례 유산은 그 고통을 더욱 비극으로 몰아갔습니다. 그러다 47세라는 젊은 나이에 사망하게 됩니다.

이런 참담한 인생을 살았지만, 남편인 화가 디에고 리비에는 그녀의 든든한 후원자요 지지대가 되었습니다. 그 덕에 프리다 칼로는 엄청난 예술적 생산력을 발휘하게 됩니다. 하지만 그녀의 그림에 있는 유다의 모습에서 남편 디에고 리비에라도 엿볼 수 있습니다. 그는 아내 프리다 칼로를 사랑했지만, 배신합니다. 그것도 아내가 그토록 아끼던 여동생 크리스티나와 불륜을 저지릅니다. 이 사건 후에 프리다 칼로는 이혼하게 되는데, 그때 그린 작품이 〈상처 입은 식탁〉입니다.

이 그림에서 배신자와 배신당한 이들이 한 상에 둘러앉아 있습니다. 어떤 면에서 프리다 칼로는 스스로를 배신당한 사람이지만, 동시에 배신자로 여겼던 것 같습니다. 왜냐하면 일평생 그녀를 괴롭힌 건 자신의 몸이었기 때문이지요. 이렇게 배신자와 배신당한 사람이 한 식탁에 앉아 있습니다. 이 그림이 더 소름 끼치는 건, 배신당한 프리다 칼로가 감상하는 나를 무심한 눈빛으로 바라본다는 사실입니다. 그리고는 "너는 어때?"라고 묻는 것 같습니다. 그 순간, 우리는 배신자와 배신하는 사람이 우리 밖 누군가가 아니라 바로 우리 자신이라는 것을 발견하고 놀랍니다.

여기서 식탁은 특별한 의미로 다가옵니다. 우리는 식탁에서 앉거나 서고, 먹고 마시며, 만나 대화하고, 서로 무언가를 나눕니다. 그렇게 식탁은 우리가 살아가는 현장을 의미합니다. 그 식탁에 배신하는 사람과 배신당한 사람들이 한자리에 가족으로 함께 있습니다. 그런데 그 식탁 위에 피가 흥건하고, 그 피가 나무를 관통하여 바닥으로 떨어집니다. 인간이 살아가는 삶의 자리인 식탁은 상처를 입고 피를 흘립니다. 이것은 프리다 칼로가 고발하는 우리네 삶의 현실입니다. 그런데 이 장면이 낯설지 않습니다. 성목요일 예수님의 최후의 만찬이 있던 그 자리도 프리다가 그려 낸 식탁과 겹쳐 보입니다. 최후의 만찬도 어떤 면에서 견디기 어려운 장면으로 가득합니다. 배신당하는 예수도, 배신하는 유다도 견디기 힘든 자리입니다. 모든 배신이 드러나는 순간, 배신과 관련된 모든 이는 그 순간을 견딜 수 없었을 겁니다. 유다는 결국 그 자리를 견디지 못하고 뛰쳐나가 자살합니다.

유다의 배신

프리다 칼로의 그림에 나오는 기괴한 배신자의 모습을 가만 보면, 부활전야 멕시코 풍습인 유다 화형식이 연상됩니다. 이 모습이 꼭 유다 인형과 닮았기 때문입니다. 멕시코 사람들은 부활전야 토요일이 되면 피켓과 종이로 만든 인형이나 초상화를 들고 거리에서 행진한다고 해요. 그때 들고나오는 인형과 초상화가 가룟 유다입니다. 이 인형들은 멕시코 신자들에게 개인적이고 사회적이며 정치적인 삶에서 모든 악을 상징합니다. 사람들은 피켓과 종이로 만든 유다 인형을 들고 거리로 나와 그들이 경멸하는 정치인, 경제인, 군과 경찰 고위직들의 이름을 큰소리로 외칩니다. 그러고는 행렬 마지막 순서에 이 인형들을 한

데 모아, 찢고 불태워 공중에 날리며 더욱 큰 소리로 오늘 이 시대 악당들의 이름을 외칩니다. 이들이 바로 오늘의 배신자 유다라는 것이지요.

유다가 왜 예수를 배신했는지, 사실 우리는 알지 못합니다. 성경은 그 이유를 말하지 않습니다. 그저 우리가 추측할 뿐입니다. 아마 유다는 예수에게 모든 희망과 기대를 걸었지만, 그가 기대한 대로 예수가 움직이지 않음을 확인하고 팔아넘겼을 겁니다. 예수는 분명히 유다와 다른 목표를 가지고 있었고, 목표를 달성하는 과정도 완전히 달랐습니다. 간혹 유다가 은 삼십 냥을 받았다는 이유로 그를 돈에 눈이 어두운 욕망의 화신으로 몰아가지만, 실제로 유다에게 돈은 전혀 문제가 아니었습니다. 예수와 유다, 이 둘 모두에게 중요한 것은 다른 삶, 새로운 나라, 즉 하나님이 통치하시는 나라였습니다. 하지만 하나님이 통치하는 나라에 대한 서로 다른 그림 탓에 친밀하고 사랑스러운 관계가 배신으로 바뀌게 됩니다.

우리는 왜 서로 배신하나요? 우리가 배신하거나 배신당할 때를 살펴보면, 그 뒤에는 항상 우리가 통제할 수 없는 욕망이 도사립니다. 사랑에 대한 욕망, 무언가를 채우고 싶은 욕망, 다른 사람에게는 있는데 나에게는 없는 것에 대한 욕망, 다른 사람이 할 수 있는데 나는 못 하는 것에 대한 욕망 등. 하지만 이 모든 욕망은 우리에게 원초적이기에 완전히 제거할 수도 없고, 끊임없이 인간을 공격할 것입니다. 그렇게 우리는 배신의 세계

한가운데서 삽니다.

주님의 성찬

그 욕망은 예수님을 믿는다고 해서 채워지지 않습니다. 우리는 스스로 이 욕망의 가시를 뽑아낼 수 없습니다. 이것이 바로 유다의 배신이 우리에게 깊이 각인되는 이유일 겁니다. 하지만 성경이 최후의 만찬을 우리에게 들려주는 까닭은 그렇게 배신의 운명에 내던져진 우리는 가망이 없다는 걸 강조하려는 게 아닙니다. 오히려 그 반대입니다. 성경은 최후의 만찬을 통해 주님이 배신의 세계를 어떻게 다루고 해결하시는지 보여 줍니다.

배신은 삶을 파괴할 수 있습니다. 배신당한 사람은 정신적인 상처를 평생 회복하지 못할 수 있습니다. 배신은 예수님의 생명을 앗아 간 것처럼 사람의 생명도 앗아 갈 수 있습니다. 그렇다고 배신한 사람이 자유로워지는 것은 아닙니다. 배신하는 사람은 공동체에서 낙인찍히고, 배제되어 고립되며, 그로 인해 자기 자신을 죽일 수도 있습니다. 유다처럼 말입니다.

멕시코의 부활전야 토요일 행렬에선 종이로 만든 유다 인형을 찢고 불태워 공중으로 날려 버립니다. 이런 의식은 배신당한 사람들에게 안도감과 위로를 줄 수 있습니다. 배신자를 공동체에서 추방하거나 제거하면, 배신당한 사람들은 그 순간 개운합니다. 그러나 그 후에도 공동체에서 배신은 흔적 없이 사라지지 않습니다. 배신자를 내쫓거나 제거한다고 배신이 바로 잡히지 않습니다. 예수님은 다른 방법을 최후의 만찬 자리에서 보여 주십니다. 주님은 이미 예외 없이 우리 모두가 예수를 배반할 것이라고 담담하게 말씀하십니다. 여기에는 예외가 없습니다.

여기서 한번 생각해 봅시다. 만일 예수님이 잡히시고 죽으신 다음, 그분을 부인했던 제자와 도망한 제자, 그분을 배신했던 사람을 모조리 색출해 예수 공동체에서 축출하고 제거했다면 어땠을까요? 분명한 사실은, 그렇게 했다면 교회는 이 땅에 존재하지 않았을 것입니다. 예수님과 제자들의 이야기는 그저 옛날이야기로 끝났겠지요.

중요한 것은, 배신당한 사람들과 배신자들을 통합하고 그리스도의 공동체를 함께 만들어 나아가야 한다는 것입니다. 예수는 유다 '때문에' 십자가에서 죽은 게 아니라 유다 같은 모든 이를 '위해' 십자가를 지십니다. 그분은 인간의 가장 악랄한 행위를 짊어지고 죽었습니다. 가장 나쁜 배신, 가장 큰 욕망, 가장 교활한 탐욕을 가진 사람들을 위해 그분의 몸을 내어주십니다.

"받으라. 이것은 내 몸이니라⋯이것은 많은 사람을 위하여 흘리는 나의 피 곧 언약의 피니라"라는 성찬 제정의 말씀을 곱씹어 봅니다. 주님은 죄인인 우리를 용서하기 위해 그분 자신을 내어주십니다. 유다의 배신에 대한 예수님의 답은 당신의 살과 피를 내어주시는 것이었습니다. 주님의 식탁은 유다의 배신으로 피 흘려 상처 입은 식탁이 되어 버렸지만, 그 식탁을 피하지 않고 용감히 참여한 사람들에게는 생명의 선물이 됩니다.

회개, 용서, 사랑

배신과 복수, 폭력과 되갚음이라는 인간의 계산법은 죄인을 향한 용서와 사랑이라는 하나님의 문법으로 변환됩니다. 이 성찬의 식탁에 우리 모두 초대받습니다. 이 성찬의 식탁은 하나님을 배신하며 사는 모든 자를 향한 자비의 신호입니다. 하나님은 그 식탁에서 모든 죄인을 새로운 삶으로 인도하십니다. 가장 끔찍한 일을 저지른 사람도 그분의 자비 가운데 초대받습니다.

주님의 식탁에서 우리는 더 이상 주님과 동료들의 얼굴을 피할 수 없습니다. 어렵지만, 그 자리에서 우리는 맨얼굴을 드러내고 서로의 얼굴을 분명하게 바라보아야 합니다. 그렇게 우리는 주님의 식탁 앞에서 진실하게 서로를 향한 잘못을 고백하고 서로를 위로하며 보듬어 줘야 합니다. 주님은 이 일을 위해 우리를 하나의 식탁으로 초대합니다.

어렵겠지만, 우리는 그 자리에 각자의 배신을 고백하고

인정하며, 이해해 주어야 합니다. 왜냐하면 우리는 모두 그렇게 죄의 힘에 취약한 존재이기 때문입니다. 주님은 배신자도 당신의 식탁에 초대하십니다. 어떤 대가를 바라고 그렇게 하신 게 아니지요. 주님은 그 식탁에 모두가 모여 배불리 먹고 마시며, 서로를 품고 서로가 이해하며 하나 되길 바라실 뿐입니다.

그렇기에 배신한 사람은 이 식탁을 두려워하지 말아야 합니다. 이곳은 하나님의 자비와 용서, 사랑의 신비가 있는 곳입니다. 우리의 마음과 얼굴을 가리거나 속이지 말고, 있는 그대로, 내 모습 그대로 이 식탁에 진실하게 나아올 때 주님이 맞아 주십니다. 그분의 얼굴과 동료들의 얼굴이 두려워 제 모습을 가리거나 피하는 이들은 유다가 나선 사망의 길로 들어서게 될 것입니다. 이것이 회개입니다.

프리다 칼로의 〈상처 입은 식탁〉을 다시 생각해 봅니다. 여기엔 배신의 이미지가 가득합니다. 그러나 이 그림은 우울하지 않습니다. 다채로운 색상으로 그림의 분위기를 쾌활하게 만들고, 식탁 뒤에 무성하게 우거진 식물들과 식탁 옆에 아이들과 사슴을 그려 넣은 것도 인상적입니다. 이렇게 밝은 기운이 그림에 흐르는 건, 작가가 이 그림을 그리면서 자신을 배신한 모든 것을 용서했다는 힌트일 수도 있습니다. 그렇게 보면 프리다 칼로의 〈상처 입은 식탁〉은 한 개인의 고백이자 암시입니다.

그런데 주님의 식탁은 칼로의 식탁과 다릅니다. 주님의 식탁은 우리 모두를 향한 확실한 초대이며 약속이고 선물입니다. 주님은 당신의 식탁에 우리 모두를 초대하십니다. 그러고는 우리를 십자가와 부활의 길로 인도하십니다. 모든 배신, 모든 고통, 모든 죽음에 맞서 승리할 힘이 바로 여기 드러납니다. 성 목요일 상처 입은 주님의 식탁을 기억해 봅시다. 주님의 이 복된 초대가 저와 여러분을 용서와 사랑으로, 자비와 평화로, 위로와 회복으로 이끄는 부활의 선물이 됩니다.

술집에서 만난 예수

파올로 베로네제, 〈세족식〉

베네치아 화가

물의 도시로 유명한 베네치아의 화가 파올로 베로네제 Paolo Veronese(1528-1588)를 소개합니다. 틴토레토와 더불어 베네치아의 대표 화가로 꼽히는 그는 주로 웅장하고 화려한 작품으로 유명한데, 이는 베네치아라는 도시의 분위기 탓일 겁니다. 15세기부터 이탈리아 상인들은 인도 향신료와 중국 비단을 수입해 부를 축적하면서 영주나 황제에 버금가는 탄탄한 재력을 구축하게 됩니다. 급기야 상인 조합인 길드 조직은 누구도 얕볼 수 없는 세력이 됩니다. 상인 길드를 바탕으로 형성된 몇몇 도시들은 독립 국가나 마찬가지로 그 위력이 대단했는데, 그중 하

174

파올로 베로네제, 〈세족식〉
1580년대, 캔버스에 유채, 139×283cm, 프라하 나로드니 미술관

나가 베네치아입니다. 동서양 문물이 교차하는 도시고, 무엇 하나 부족함 없는 풍족한 곳이다 보니 자유분방하고 호방한 분위기가 예술 작품에도 그대로 스며들었습니다.

물론, 시대적인 한계도 있습니다. 이 그림을 그린 시기가 16세기 개신교 종교개혁 운동에 로마가톨릭 교회가 조직적으로 반응하던 시기인데, '반反종교개혁 운동'으로 알려진 트리엔트 공의회(1545-1563)가 끝나고 로마가톨릭 지역에서 사상 검열과 단속이 더욱 엄격해집니다. 베네치아는 로마교회의 영향력 아래 있었기에, 제아무리 자유분방한 상인 도시라고 해도 이런 분위기에서 자유로울 순 없었습니다. 베로네제 역시 이런 분위기의 희생자라고 할 수 있는데, 이와 관련한 유명한 일화가 전해집니다.

1571년 베네치아에 큰 화재가 발생해 도미니크 수도회에 있던 티치아노의 작품 〈최후의 만찬〉이 망실되는 사건이 일어납니다. 그러자 수도회는 고민할 필요도 없이 최고의 인기를 구가하던 베로네제에게 〈최후의 만찬〉 벽화를 그려 달라고 주문하게 됩니다. 베로네제는 주문대로 가로 13미터, 세로 5미터가 넘는 웅장하고 거대한 벽화를 완성하게 되는데, 느닷없이 종교재판에 휘말리게 됩니다. 이유는 전통적인 도상과 다르다는 겁니다. 개, 고양이, 원숭이, 게다가 코피 흘리는 하인과 광대 등 정신없이 화려한 이런 요소가 거룩한 최후에 어떻게 나오냐는 것이지요. 더 큰 문제는 당시 종교재판을 담당하던 도미니크 수

파올로 베로네제, 〈레위가의 만찬〉
1573년, 캔버스에 유채, 555×1310cm, 아카데미아 미술관

도회에서 제기됩니다. 예수님 주변 인물 복장이 전형적인 독일 사람이라는 게 눈엣가시였습니다. 당시 북유럽을 휩쓸던 루터파 교인들을 여기에 등장시킨 게 아니냐는 의심이었지요. 베로네제는 결국 신성모독과 불경죄라는 명목으로 종교재판을 받게 됩니다. 다행히 재판정에 나선 베로네제는 그런 의도가 전혀 없었다고 영리하게 자기변호를 하고 나서야 풀려나게 되는데, 그 후로 이 벽화의 이름은 〈최후의 만찬〉이 아니라 그 유명한 〈레위가家의 만찬〉으로 바뀌게 됩니다.

이런 검열을 받은 베로네제의 마음은 어땠을까요? 교회를 향한 생각이 그리 탐탁지 않았을 겁니다. 모르긴 해도, 그의 작품에 담긴 현실 교회 비판은 어쩌면 당연한 귀결일 수 있습니다. 여기 소개하는 세족식 그림도 마찬가지입니다.

발을 씻기는 그리스도

이 작품은 보면 볼수록 특별합니다. 주님이 잡히시기 전날 밤 성목요일 이야기입니다. 그날은 최후의 만찬과 더불어 제자들의 발을 씻겨 주신 세족의 밤입니다. 하지만 베로네제가 그려 낸 세족식 상황은 절대 흔한 풍경이 아닙니다.

화가들은 세족을 거부하는 수제자 베드로(요 13:6)와 흰 수건을 허리에 두른 채 무릎을 꿇고 제자들의 발을 닦는 예수님의 모습을 그리는 게 보통입니다. 흰 수건은 정결과 거룩함을 상징하고, 허리에 두른 수건은 그 정결함을 단단히 매고 삶에서 실천한다는 의미입니다. 수건을 허리에 동여매고 무릎 꿇은 예수의 모습을 통해 낮은 자리에서 겸손히 일하시는 하나님의 모습과 사랑이 드러납니다. 물론 베드로의 거부는 한국식으로 대단히 예의 바른 행동이겠지만, 성경에서 가르치는 세족 이야기는 제자를 섬기는 그리스도의 낮아짐, 비움, 섬김의 도에 방점이 있습니다.

베로네제의 이 그림은 그리스도께서 자신을 비워 내는 겸손의 모습(케노시스)을 선명하게 전합니다. 무릎 꿇어 섬기며 헌신하는 모습을 그도 담아내고 있지만, 이 그림에는 일반적인 세족식 회화와 다른 점이 있습니다. 게다가 특별한 메시지도 숨어 있죠.

무엇일까요? 찾아보세요! 정답은 예수님이 발을 닦고 계신 장소입니다. 세족의 장소는 보통 예수님과 제자들이 모인 거룩한 공간으로 그려집니다. 그러나 베로네제는 세족 장소를 거룩하고 정갈하며 조용한 예루살렘에서 시끌벅적한 선술집으로 옮겨 놓습니다. 이 선술집은 1580년대 흔하게 볼 수 있는 동네 술집 풍경입니다. 제 게으름 탓으로 찾지 못했지만, 이런 배경으로 그린 세족식이 또 있는지 모르겠습니다. 작가의 시대를 고려한다면, 이 그림을 보고 신성모독이라고 해도 이상하지 않습니다. 16세기 말 로마교회에서는 세족식을 거룩한 성례전적 의미로 이해했는데, 로마교회 영향권 아래 있던 베네치아 화가가 거룩한 세족식을 세속적인 선술집에 옮겨 놓은 것은 당시로서는 파격 그 자체라고 할 수 있습니다. 그나마 이해할 만한 대목은 당시 도시 국가였던 베네치아는 부쩍 커진 시민 계급의 영향력으로 인해 교권에 어느 정도 저항력이 있었다는 정도입니다.

성과 속

그림을 봅시다. 주님은 지금 왁자지껄한 술집 한가운데 모인 사람들의 발을 닦아 주십니다. 그림 속 인물들과 예수의 다른 점은 딱 하나, 머리에 광채가 있느냐 없느냐 하는 차이입니다. 거룩한 그분, 하나님의 아들이 왜 하필 이런 세속의 자리에서 무릎을 꿇고 술꾼들의 발을 닦아 주는 것일까요?

작가 베로네제의 의도는 정확히 모르겠지만, 그저 나름대로 추측해 봅니다. 작가는 선술집의 세족을 통해 신학적인 내용을 담아냅니다. 그리스도의 사역은 죄인들을 위한 것입니다. 그 때문에 작가는 예수님이 희생하고 봉사하는 장소가 더럽고 추한 곳일지라도 가리지 않는다는 것을 역설적으로 보여 줍니다. 작가는 당시 권위적인 교회와 성직자들을 향한 경고를 이 그림에 담습니다.

우리는 어떤가요? 그리스도의 사랑이란 죄인과 원수까

지도 제한 없이 사랑하는 것이 분명합니다. 그런데 그리스도인이라고 자부하는 우리가 사랑하는 사람들이 누구인지 돌아보면, 내 가족, 내 형제, 내 교인, 나를 사랑하는 사람의 범주를 넘지 못하는 경우가 태반입니다. 이에 비해 하나님의 사랑은 그 범위를 뛰어넘습니다. 더럽고 추한 곳까지 들어가서 희생하고 봉사하며 원수도 사랑합니다.

인도의 위대한 지성이라 불리는 마하트마 간디가 영국에서 유학할 때 일입니다. 그가 기독교인들을 만나 한동안 성경 공부를 한 적이 있습니다. 간디의 자서전을 보면, 성경에서 가장 위대한 말씀은 "원수까지도 사랑하라"라는 예수님의 명령이었고, 이를 죽기까지 실천한 예수님의 생애에 감동했다고 합니다. 힌두교도였던 간디는 당시 종교에 심취해서 다양한 종교 서적을 탐독했는데, 그중에서도 "원수를 사랑하라"라는 가르침은 기독교가 유일하다는 사실을 발견하고 이 사랑의 정신을 힌두교의 불살생 원칙과 결부하게 됩니다. 이런 사상적 배경이 후에 영국의 식민지에 항거하여 인도의 독립을 일구어 낸 간디의 '비폭력 저항운동'으로 성장하게 됩니다.

오늘날 교회와 교인들은 속된 것과 거룩한 것을 너무 쉽게 가르고 정죄합니다. 내 마음에 안 들면 아주 쉽게 하나님 말씀을 무기 삼아 정죄해 버립니다. 더럽고 냄새나고 추한 것은 피하기만 하지, 도무지 그 안에 들어가려고 하지 않습니다. 마치 세족을 거부했던 베드로처럼 말입니다. 맞아요. 예수님의 삶을 보면 그분도 거룩함을 추구하고 세속적인 것을 경멸했습니다. 그러나 그분이 가르친 거룩의 의미는 우리가 아는 거룩과 다릅니다. 우리가 외치는 거룩은 언제나 가르고 구분하는 거룩이지만, 그분이 몸소 가르치신 거룩은 맛을 잃은 어두운 세상에 들어가 자신을 녹여 변화시키는 빛과 소금의 사역입니다. 그렇게 하신 이유는 분명합니다. 만물이 하나님과 관계가 있다는 것을 알려 주시기 위해서이지요(요 13:8).

여기서 우리는 오늘날 그리스도인과 예수님의 차이를 발견합니다. 우리는 입으로는 이미 거룩합니다. 그래서 속된 것과 거리를 두고 상관치 않으려 합니다. 하지만 우리의 무릎은 어떤가요? 예수님은 자기를 비워 낮은 곳에 임하십니다. 그분은 말로만 끝내지 않고 무릎을 꿇고 몸으로 보여 주며 만물과 관계하십니다. 속되고 더럽고 추악한 곳, 냄새나는 장소까지도 묵묵히 들어가시는 예수, 겸손과 낮아짐, 섬김을 몸으로 전하신 예수. 그분이 계신 속된 곳에 빛이 서립니다. 베로네제의 그림 속 예수님의 머리에서 광채가 나는 이유입니다.

영성을 영어로 'spirituality'라고 합니다. 종교성이 있는 모든 곳, 그러니까 모든 종교, 심지어 광신도와 이단들도 '영성'을 말합니다. 영성이란 자기를 초월하는 힘을 뜻합니다. 그런데 영성이라는 단어 앞에 '복음의 영성' 또는 '그리스도인 영성'이라는 말로 길어지면, 특별한 의미가 붙습니다. 그리스도인의 영성은 '나를 넘어 이웃에게로' 이어집니다. 그래서 기독교 영성을 '공동체 형성 능력'이라고도 합니다.

그리스도인, 교회의 이름표를 달고 있다면 그렇게 살아야 하지 않을까요? 거룩과 세속을 가르고, 내 편 네 편을 구분하기보다는 정결한 흰 천을 허리에 두르고, 더럽고 추악한 세상과 사람들을 위해 낮은 자리에서 묵묵히 희생하고 섬기는 것이 그리스도인의 모습이며 세상을 대하는 교회의 태도입니다.

"내가 너희에게 행한 것같이 너희도 행하게 하려 하여 본을 보였노라"(요 13:15).

한국 예수

운보 김기창, 〈겟세마네 동산 기도〉

김기창 화백(1913-2001)은 한국 미술사에서 독특한 위치를 차지합니다. 어릴 적 장티푸스로 인해 청력을 잃고 평생 언어 장애를 안고 살았으며, 친일 논란과 가족 간 재산 분쟁 등 굴곡진 인생의 화가였지만, 그의 예술적 업적은 여전히 빛을 발합니다. 특히 주목할 만한 점은 김기창 화백이 서양의 전유물로 여겨졌던 예수의 생애를 한국적 정서로 재해석했다는 대목입니다. 〈겟세마네 동산 기도〉를 비롯한 그의 예수 생애 연작은 독특한 문화적 융합을 보여 줍니다. 그가 남긴 예수 일생 연작은 여러모로 특이합니다. 갓을 쓴 예수님과 제자들뿐 아니라 천사를 선녀로, 모든 배경과 인물 묘사는 우리네 것으로 그려 낸 덕에 더욱 친근합니다. 이는 서양 종교 미술의 한국화라는 새로

© 운보문화재단

운보 김기창, 〈겟세마네 동산 기도〉
1952-1953년, 비단에 채색, 63×76cm, 운보문화재단

운 장르를 개척했다는 점에서 높이 평가받습니다.

가난한 자

하지만 이러한 표현 방식은 동시에 비판 대상이 되기도 했는데, 예수와 제자들을 갓을 쓴 양반으로 묘사한 것이 그분이 가르치신 복음의 본질을 왜곡했다는 지적이 있습니다. '부자들을 위한 그림', '부자들을 위한 예수'라는 비판은 일견 옳습니다. 예수의 메시지가 지닌 보편성과 평등성을 간과했다는 우려에서 나온 말이기 때문이지요. 예수님은 가난하고 약한 사람들을 위해 사셨고, 부자들 귀에 듣기 좋은 설교를 하지 않으셨습니다. 여기서 '부자'는 경제적으로 부유한 사람을 뜻하지 않습니다. 예수님이 관심을 두는 것은 영적인 의미입니다. 즉 스스로 자만하는 자, 자기 욕심과 욕망으로 살아가는 자를 의미합니다.

욕심이 발동하는 순간, 우리는 그 욕심을 비우고 소박한 진리로 다스려야 합니다. 욕심을 비운다는 건 그 자리에 하늘 뜻을 채운다는 뜻이기도 합니다. 예수님이 인류의 모범이 되고 하나님의 아들인 까닭이 여기 있지 않을까요. 그분은 자신의 욕망대로 살지 않고 오직 아버지 하나님의 뜻에 순명합니다. 무언가 채워야 할 때가 오면 그분은 산에 올라 기도하며 아버지의 뜻으로 몸과 마음을 채우신 분입니다. 잡히시기 전 겟세마네 동산의 기도가 바로 그러합니다. 요한은 이렇게 증언합니다. "만일 내가 내 아버지의 일을 행하지 아니하거든 나를 믿지 말려니와 내가 행하거든 나를 믿지 아니할지라도 그 일은 믿으라. 그러면 너희가 아버지께서 내 안에 계시고 내가 아버지 안에 있음을 깨달아 알리라"(요 10:37-38). 여기서 예수가 말한 '그 일'은 자신으로 말미암는 일이 아니라 '아버지께서 행하는 일'로서 자기 욕심을 버리고 진리를 따르는 것을 말합니다.

주님께서 산 위에서 팔복을 말씀하시면서 "가난한 자가 복이 있다"라고 선언하신 것도 같은 맥락입니다. 가난하다는 말은 단순히 경제적인 가난만 뜻하지 않습니다. 예수님 당시에 가난하다는 말엔 종교적인 의미가 포함되어 있습니다. 즉 하늘을 향해 손을 벌린 채 영적 걸인으로 사는 이가 가난한 사람입니다. 이런 사람에게 복이 있다고 주님이 선언합니다. 영적 걸인은 자기 뜻대로 살지 않습니다. 그저 하늘이 주시는 대로 채우며 생명을 이어 갑니다. 이런 의미에서 예수님은 '영적 걸인 중 걸인'이지요.

그리스도인은 영적 걸인으로 사신 예수님, 로고스이신 하나님의 뜻을 따라 살아야 한다. 이것이 거듭난 삶의 원리입니다. 거듭난 삶born again, 곧 중생의 삶은 새로운 태어남을 뜻합니다. 새롭게 태어난 삶은 인간적 욕망과 굴레에서 벗어나 자유로운 삶을 누리는 것이지요. 이를 독일 루터교회 본회퍼 목사는 '하나님 앞에서, 세상 앞에서, 하나님 없이 사는 삶'이라고 역설적으로 표현합니다. 없는 듯 존재하시는 숨어 계시는 하나님 앞에서, 욕심을 비우고 그분의 솜씨에 탄복하며 감사하는 삶이 바로 성령으로 거듭난 삶입니다.

우리의 겟세마네

오늘날 우리는 각자의 삶에서 크고 작은 '겟세마네의 순간'을 맞이합니다. 중요한 결정의 기로에 서 있을 때, 고통과 시련 앞에서 두려워 떨 때, 우리도 예수님처럼 깊은 기도의 시간이 필요합니다. 김기창의 작품은 그런 의미에서 우리를 돌아보게 합니다. 김기창 화백이 그려 낸 작품 속 메시지는 명확합니다. 신앙은 추상적이거나 멀리 있지 않고, 우리 일상과 문화에 깊이 뿌리내릴 수 있다는 것입니다. 예수님의 고뇌와 순종, 그리고 궁극적인 승리는 한국인의 정서로도 충분히 이해하고 체험할 수 있습니다. 이 작품을 감상하면서 우리 자신의 '겟세마네 순간'을 돌아보고, 예수님의 기도를 본받아 더 성숙한 신앙인이 되면 좋겠습니다. 우리의 고뇌와 순종이 만나는 그 지점에서, 김기창 화백이 그려 낸 것처럼 우리 삶도 아름다운 작품이 될 수 있을 것입니다.

이 사람을 보라

캥탱 마시, 〈에케 호모〉

에케 호모 *Ecce homo*: 이 사람을 보라!

　　본디오 빌라도가 군중 앞에 예수를 끌고 나와 외친 소리를 라틴어로 옮긴 말입니다. "보라, 이 사람이로다!" 요한복음 19장 5절에서 들려오는 짧지만 강렬한 이 한마디가 사람을 얼어붙게 만듭니다. "경이로움, 놀라움, 당혹스러움은 우리의 숨겨진 무지를 드러내는 것이고, 이 무지에서 탈출하려고 철학을 한다"라고 했던 아리스토텔레스의 말(*Metapysics*, I, 982b)이 생각납니다. 이 장면에 정확히 들어맞는 소리 같습니다.

　　워낙 강렬한 순간이라서 그럴까요? 예술가들은 이 한 장면에 매료되어 수많은 작품을 창조하였고, 이를 보통 '에케 호모'라고 부릅니다. 에케 호모 앞에서 우리는 놀라움과 경이로움과 함께 한 가지 질문을 마주하게 됩니다.

병도 고치고, 귀신도 쫓고, 죽은 사람도 일으키는 하나님의 아들이건만, 빌라도 법정에 끌려 나온 이분 모습은 한없이 초라하고 볼품없습니다. 게다가 "십자가에 못 박으라"라고 외치는 성난 군중과 "이 일과 나는 상관없다"라며 손사래 치는 빌라도의 모습까지 겹쳐 놓으니 왠지 모르게 당혹스럽기까지 합니다. 도대체 이 장면은 우리에게 왜 이런 당혹감을 주는 걸까요?

모티브

에케 호모라는 주제의 종교화는 예수와 빌라도 법정에 모인 사람들을 극단적으로 대비합니다. 한쪽은 조롱하는 군중, 다른 쪽은 조롱받는 그리스도의 모습이 그것이지요. 이때 수난과 죽음을 상징하는 보라색(또는 진홍색, 간혹 울트라 블루) 망토와 가시관을 쓴 그리스도가 그려지는데, 예술가들은 완전히 다른 두 종류의 모습으로 묘사하곤 합니다. 수난의 고통을 괴로워하는 인간적인 모습으로 그리거나 아니면 정반대로 고통을 초월하여 매우 평온하게 안식하는 모습으로 그립니다. 수난을 대하는 그리스도의 두 가지 모습을 통해 예술가들은 경건의 본질이 무엇인지 돌아보게 합니다.

캥탱 마시, 〈에케 호모〉
1520년, 패널에 유채, 95×74cm, 두칼레 궁전

에케 호모 모티브는 중세 교회에서 매우 애용한 주제입니다. 중세 유럽은 문맹자가 극단적으로 많았던 시대입니다. 그런데도 교회에선 라틴어 성경과 라틴어 예배(미사)만 허용되었고, 평신도를 위한 신앙 교육이라는 건 전혀 없었습니다. 교회가 일반인을 위해 할 수 있는 신앙 교육 방법은 지극히 제한적이었는데, 그래서 발달한 것이 교회당에 그리거나 새긴 벽화와 부조, 창문의 스테인드글라스 같은 것들입니다. 문맹률이 높다 보니 문서 대신 시각 매체가 발달할 수밖에 없었던 것이지요. 이외에도 일반인 신앙 교육에 중요한 역할을 한 것이 교회의 축일이나 절기마다 열리는 성극입니다. 마을 곳곳에서 교회와 주민들이 참여하여 연극을 올렸습니다. 특히, 사순절에 올리는 그리스도의 수난극은 교회와 마을에서 빼놓을 수 없는 중요한 행사였고, 거기서 가장 극적으로 연출되는 장면이 바로 요한복음 19장 5절의 "이 사람을 보라!"라는 에케 호모의 장면입니다. 독일 남부 알프스 지역 오버암머가우에 가면 주민들이 만든 수난극을 아직도 볼 수 있는데, 세계적으로 그 명성이 높아서 이것 하나 보려고 전 세계에서 사람들이 몰려올 정도입니다.

수난극이든 회화든 삽화든, 기독교인이 에케 호모라는 주제에 깊이 빠져드는 이유는 그 장면에 담긴 극적인 요소 때문만은 아닙니다. 바로 거기에 우리 자신과 우리가 살아가는 세계를 조명할 힘이 있기 때문입니다. 이런 이유로 에케 호모는 매우 다양한 방식으로 묘사되고 해석됩니다. 루벤스, 카라바조,

도메니코 페티, 〈에케 호모〉
1700~1800년경, 패널에 유채, 68×58cm, 마우리츠호이스 미술관

렘브란트 같은 거장들은 이 주제로 경건을 다양한 각도에서 조명했고, 알브레히트 뒤러 같은 경우에는 고통받는 그리스도를 예술가 자신의 고통으로 재해석하기도 합니다. 19-20세기에도 에케 호모는 폭력과 전쟁을 통한 인간의 고통과 타락을 고발하는 예술가들의 모티브가 되기도 합니다.

에케 호모 때문에 한 사람의 인생이 바뀐 유명한 에피소드도 있습니다. 경건주의의 아버지로 알려진 진젠도르프가 열아홉 살에 뒤셀도르프의 한 갤러리에서 도메니코 페티Domenico Feti의 에케 호모를 보고 충격을 받아 일종의 회심 체험을 했다고 전해집니다. 에케 호모와 관련된 에피소드는 수도 없이 많은데, 니체의 생애 마지막 저술 제목이 "에케 호모Ecce homo: Wie man wird, was man ist"였다는 점도 빠지지 않고 회자됩니다.

캥탱 마시의 에케 호모

'퀸틴 마시스'라고도 불리는 캥탱 마시Quentin Matsys(1466-1530)는 지금은 네덜란드에 있는 루벤에서 태어나 안트베르펜에서 20년 넘게 작품 활동하며 풍자적인 그림을 남긴 화가입니다. 〈기괴한 노파〉라든지 〈로테르담의 에라스무스 초상화〉 같은 작품은 널리 알려진 그의 대표작입니다.

삶에 대한 정확한 기록은 거의 없고 전해지는 이야기만

캥탱 마시, 〈기괴한 노파〉
1513년경, 오크나무에 유채, 64.2×45.4cm, 런던 내셔널 갤러리

캥탱 마시, 〈로테르담의 에라스무스 초상화〉
1517년, 패널에 유채로 그린 후에 캔버스로 옮김, 59×47cm,
아르테 안티카 박물관

풍성한데, 동시대 작가였던 한스 멤링이나 판 데어 바이덴처럼 인간의 미묘한 감정과 사회상을 화폭에 담은 화가로 유명합니다. 그의 작품은 한스 홀 바인이나 알브레히트 뒤러와 비교하면 덜 섬세해 보일 수도 있습니다. 하지만 풍자와 상징을 통해 인간의 종교적 심성과 현실의 괴리를 그 누구보다 탁월하게 표현한 작가라고 할 수 있습니다.

이제 그의 에케 호모를 함께 감상해 봅시다. 목판에 유화로 그려진 이 작품의 크기는 95×74센티미터로, 실제 사람 크기와 엇비슷하고 색감도 뛰어납니다. 그래서 감상하는 사람들은 빌라도의 법정에 있다는 착각이 들 정도로 생생한 현장감이 특징입니다. 작품 왼편에 총독 빌라도가 보입니다. 성서에 따르면, 그는 유대 군중과 제사장들의 성화에 못 이겨 죄 없는 한 젊은이에게 십자가형을 선고합니다. 총독으로 있는 동안 민란이 일어나면 곤란하기 때문이지요. 그는 예수가 무고하다는 것을 알면서도 정치적 이익을 고려하여 사형선고를 내립니다. 그런다음 군중 앞에서 손을 씻는데, 이 행위는 "이 사건과 나는 상관이 없다"라는 몸 언어입니다. 마시의 그림 속 근엄한 차림의 그가 양손을 흔들며 십자가 사건과 상관없다는 걸 강하게 표시합니다. 하지만 그의 눈빛은 뭔가 꺼림칙한지 가시관을 쓴 예수를 직접 보지 못하고 곁눈질로 힐끗 쳐다보며 눈치를 살피는 것 같습니다. 그렇다고 군중을 향해 당당히 서 있지도 못합니다. 똥 마려운 강아지처럼 이러지도 저러지도 못하는 마음이 엿보입

니다. 그의 목에 보석 목걸이 대신 굵은 쇠사슬이 걸려 있는 것
도 빌라도의 상태가 어떤지 암시합니다.

예수의 오른편과 뒤편에 서 있는 사람들의 얼굴을 봅시
다. 이렇게 생긴 사람이 정말 있을까요? 중세 시대라는 배경을
고려하면, 유대인에 대한 반감을 이런 식으로 묘사하는 게 유행
이었다는 가설도 있지만, 여하간 이 사람들은 납량 특집물이나
영화 〈슈렉〉에나 나올 법한 얼굴과 표정이 분명합니다. 작가는
무자비하고 포악한 인간 본성, 우둔함과 폭력성, 진리를 외면하
고 박해하는 인간의 악한 심성을 이런 식으로 그려 냅니다.

이제 그리스도를 봅시다. 가시관을 쓰고 무기력한 모습,
손대면 '톡' 하고 쓰러질 것만 같고, 손대면 울음보 터질 것 같은
이 모습은 비참의 바닥까지 내려간 모습이지만, 우리는 이를 보
면서 우리의 구체적인 절망을 떠올리게 됩니다. 희망이 보이지
않는 듯한 그리스도의 비참함은 절망 앞에 마주 선 모든 인간과
겹쳐집니다.

벽에 갇힌 주두

이 그림에서만 발견할 수 있는 비참의 상징이 하나 더 있
습니다. 도저히 탈출구가 보이지 않는 그리스도의 상황을 작가
는 의외의 장소에 숨겨 놓았습니다. 뒤편 벽면에 기둥이 하나

보이나요? 주두柱枓라고 불리는 기둥머리 장식인데, 일반 건축물에는 저런 형태의 구조물이 필요하지 않습니다. 기둥이라면 당연히 건물 하중을 지탱하는 기능을 해야 할 텐데, 이 기둥은 건물을 지탱하기는커녕 대리석 벽 속에 덩그러니 갇혀 있습니다. 아니 끼어 있다고 표현해야 맞을 겁니다. 굳이 건축 전문가가 아닌 일반인이 보더라도 상식적으로 이상합니다. 게다가 빌라도의 법정엔 이런 주두가 존재하지도 않았다고 합니다.

이 주두에서 별난 점은 하나 더 있습니다. 벽감 조각을 자세히 봅시다. 거기에 예수의 가시면류관과 동일한 형상이 조각되어 있습니다. 예수의 가시관은 죄 없는 자가 당하는 무고한 고문을 의미하는데, 그렇게 보면 벽에 갇힌 주두는 곧 무고하게 수난받는 그리스도의 상황을 의미합니다. 잔혹한 박해자들 속에 고립된 예수, 그러나 변명 대신 침묵으로 비참을 받아들이는 그리스도의 모습이 벽에 갇힌 주두와 닮아 있습니다.

이때 그리스도는 무슨 생각을 하고 있었을까요? 이런 상황에서도 왜 침묵하셨을까요? 작가는 이런 그리스도의 모습을 보여 주면서 "이 사람을 보라"라고 우리에게 외치는 건 아닐까 싶습니다. 이 그림을 감상하며 돌아봅니다. 우리는 스스로 그리스도인이라고 말하면서도 빌라도처럼 상황에 따라, 정치적 형편에 따라 양심을 저버리고 살지는 않는가? 그렇게 흔들리며 사는 게 내 모습 아닐까? 성난 군중처럼 하늘과 이웃을 향해 폭력을 행사하고도 자신만만하게 사는 게 우리 모습은 아닐까?

우리의 이런 악함 한가운데 주님은 묵묵히 서 계십니다. 우리의 악한 말과 행동이 커질수록 그분은 벽에 갇힌 기둥처럼 더 비참하고 초라하게 쪼그러드십니다. 그럼에도 그분이 침묵하시는 이유는 뭘까요? 침묵으로 모욕을 참아내는 그리스도의 모습을 보고 있자니 생각이 많아집니다. 나는 과연 이 그림 속 누구 옆에 서 있을까요? 빌라도, 군중, 예수. 당신은 어디에 있나요? 이 사람을 보십시오! 에케 호모.

쓰면 뱉고 달면 삼키는 인간

카라바조, 〈베드로의 부인〉

"베드로가 바깥 뜰에 앉았더니 한 여종이 나아와 이르되 너도 갈릴리 사람 예수와 함께 있었도다 하거늘 베드로가 모든 사람 앞에서 부인하여 이르되 나는 네가 무슨 말을 하는지 알지 못하겠노라."

_마태복음 26장 69-70절

비운의 천재

2010년 6월, 천재 예술가 카라바조Michelangelo Merisi da Caravaggio(1571-1610)의 작품 〈그리스도의 체포〉(혹은 〈유다의 키스〉

로 알려진) 그림이 우크라이나 오데사 동서양미술관에서 도난당한 사건을 기억하시나요? 이 사건은 전 세계를 들썩이게 했습니다. 다행히 독일 경찰이 베를린에서 그림을 되찾았고, 그림을 판매하려던 우크라이나인 3명과 러시아인 1명을 체포했습니다. 수백만 유로(한화 약 수십억 원)에 달하는 이 그림의 가치는 단순히 금전적인 데만 있지 않습니다. 그의 예술성과 독특한 화풍은 시대를 뛰어넘어 우리에게 영감을 줍니다.

카라바조는 '키아로스쿠로'라는 기법으로 유명한데, 이는 빛과 어둠의 극명한 대비를 통해 극적인 효과를 만들어 내는 방법입니다. 이 기법을 통해 그는 바로크 회화의 절정을 이루었고, 현대 미술사에서도 미켈란젤로만큼이나 중요한 위치를 차지하고 있습니다. 심지어 일부에서는 현대인들에게 미켈란젤로보다 더 인기 있는 화가라고 평가하기도 합니다. 렘브란트도 키아로스쿠로 기법을 사용했지만, 카라바조의 작품에서 보이는 명암의 대비는 더 극적이고 감동적입니다. 로마와 비엔나에서 그의 작품을 직접 본 사람들은 그림의 내용뿐만 아니라, 보는 이의 가슴을 파고드는 강렬한 느낌을 이야기합니다. 이는 카라바조가 흑암의 대비를 통해 인간의 감성을 극단적으로 그려 내는 데 성공했기 때문일 것입니다.

카라바조의 삶은 그의 작품만큼이나 극적입니다. 천재라 불렸지만, 그의 생애는 매우 굴곡졌습니다. 1602년 테니스 경기 중 벌어진 말다툼으로 상대방을 살해한 후, 그는 죽을 때

카라바조, 〈베드로의 부인〉
1610년, 캔버스에 유채, 94×125.4cm, 메트로폴리탄 미술관

까지 도망자로 살아야 했습니다. 그의 죽음에 대해서도 여러 가지 설이 있는데, 길거리에서 맞아 죽었다는 설부터 납 중독으로 인한 이상 행동으로 객사했다는 연구까지 다양합니다.

베드로와 우리

카라바조의 작품 〈베드로의 부인The Denial of Saint Peter〉은 그의 뛰어난 묘사력을 잘 보여 주는 걸작입니다. 이 그림은 예수를 부인하는 베드로의 모습을 담고 있는데, 군인, 한 여인, 베드로 이 세 인물의 상호작용을 통해 극적인 장면을 연출합니다. 여인은 예루살렘 입성 때 성전을 지키던 문지기로, 베드로가 예수를 따르던 자라고 군인에게 고발합니다. 여기서 베드로의 모습은 매우 극적입니다. 기분 나쁘다는 듯이 강하게 부정하는 그의 얼굴, 주름, 손짓 등이 날카롭게 그려져 있습니다. 자신도 잡힐까 두려워하는 베드로의 모습은, 제자 중의 제자, 사도 중의 사도라 불리던 그도 결국은 인간이었음을 보여 줍니다.

이 그림은 우리에게 깊은 생각거리를 제공합니다. 그리스도인인 우리도 때로는 불리한 상황에서 신앙을 숨기거나 부인했던 경험이 있을 것입니다. 이런 순간들이 베드로의 모습과 겹치면서 가슴 아픈 성찰의 시간을 갖게 됩니다. '달면 삼키고 쓰면 뱉는' 우리의 약한 신앙과는 달리, 예수님은 십자가에서 죽기까지 우리를 위해 목숨을 내려놓는 강인한 신앙을 보여 주십니다.

카라바조의 이 그림은 단순히 성경 속 장면을 재현한 것이 아닙니다. 우리 모두의 모습을 비추는 거울이며, 우리의 신앙과 삶에 대해 깊이 성찰하게 만드는 작품입니다. 예수를 따르는 그리스도인이라면, 이제는 변덕스러운 신앙보다는 의연하고 꾸준한 신앙의 길을 가야 하지 않을까요? 매 순간 예수를 따르는 사람임을 자부하며 살아가야 하지 않을까요?

카라바조의 예술은 이처럼 시대를 초월하여 우리에게 깊은 감동과 성찰의 기회를 제공합니다. 그의 그림은 단순히 아름답기만 한 것이 아니라, 인간의 본성과 감정을 드러내어 우리 내면을 들여다보게 만듭니다. 이것이 바로 카라바조가 오늘날까지도 미켈란젤로에 버금가는, 어쩌면 그 이상의 관심과 사랑을 받는 이유일 것입니다.

기회가 된다면 꼭 카라바조의 작품을 직접 감상해 보길 바랍니다. 그의 작품이 전하는 강렬한 메시지와 감동은 여러분의 예술 경험을 한 단계 더 깊이 있게 만들어 줄 뿐만 아니라, 삶과 신앙에도 새로운 통찰을 제공할 것입니다.

페테르 파울 루벤스, 〈십자가에 달리심〉

루벤스의 예술은 16-17세기 유럽을 휩쓴 종교 갈등의 깊은 그늘 속에서 탄생했습니다. 개신교와 가톨릭의 격렬한 대립으로 찢긴 시대에, 루벤스는 자신의 붓을 통해 분열된 신앙 공동체에 화합의 메시지를 전하고자 했습니다. 그의 작품에 스며든 화려한 색채와 따스한 정서, 웅장한 구도는 물론, 때로는 혼란과 비애의 정서마저도 신앙의 본질을 일깨우기 위한 정교한 장치였습니다.

루벤스의 이 작품은 그의 천재성이 반反종교개혁 정신과 만나 빚어낸 바로크 예술의 정수라 할 수 있습니다. 이 그림은 루벤스가 이탈리아 유학을 마치고 고향 플랑드르로 돌아온 직후에 의뢰받은 작품으로, 그의 예술적 성숙기의 시작을 알리는

© Alamy

페테르 파울 루벤스, 〈십자가에 달리심〉
1610-1611년, 목판에 유채, 462×341cm, 앤트워프 성모 마리아 성당

중요한 작품입니다. 가장 먼저 눈에 띄는 것은 의심할 바 없이 그림의 주제입니다. 루벤스는 그분이 십자가에 못 박히는 과정을 포착합니다. 여기서 그리스도는 아직 십자가에 못 박히지 않았습니다. 시간이 지날수록 그리스도는 극심한 고통으로 떨기 시작할 겁니다. 나무 십자가가 땅에 박히고 그리스도를 못 박은 십자가가 반듯하게 세워질 겁니다. 곧 그분이 운명하시면 온 세계는 어둠에 뒤덮인 암흑의 순간을 맞게 될 것입니다.

그림으로 읽는 교리문답

중앙 패널은 보는 이를 압도합니다. 십자가에 못 박히기 직전의 그리스도가 묘사됩니다. 건장한 사형집행인 9명이 그리스도를 십자가와 함께 들어 올리려 안간힘을 쓰는 모습이 역동적으로 표현됩니다. 루벤스는 이 장면을 통해 단순히 역사적 사건을 재현하는 데 그치지 않고, 인간의 죄가 얼마나 무거운지를 상징적으로 보여 줍니다. 그림 구도는 우리 시선을 자연스럽게 예수의 얼굴로 이끕니다. 극심한 고통 속에서도 하늘을 향해 기도하는 그리스도의 모습은 깊은 감동을 자아냅니다. "아버지, 저들을 사하여 주옵소서. 자기들이 하는 것을 알지 못함이니이다"라는 누가복음의 구절(23:34)이 떠오르는 순간입니다. 십자가 위쪽에 빌라도 총독의 명령에 따라 부착된 죄패가 보입니다.

"나사렛 예수 유대인의 왕"(요 19:17-27). 복음서에 명시된 대로 이 표지판은 히브리어, 그리스어, 라틴어로 쓰여 있습니다.

특이한 점은 근육질 남성들이 나무 십자가 무게를 이겨 내지 못하는 모습입니다. 힘센 남자들이 바닥에 쓰러질 듯 위태 로워 보일 지경입니다. 이 모습은 "왜 힘센 사람들이 그 일을 완 수하는 것이 그리도 어려웠을까?"라는 질문으로 이어집니다. 루 벤스는 여기서 우리 속에 있는 죄의 무게가 얼마나 우리를 위태 롭게 하는지 되묻습니다. 루벤스의 예술적 영감의 원천을 살펴 보면, 미켈란젤로의 역동적인 인체 표현, 티치아노의 풍부한 색 채, 카라바조의 극적인 명암 대비, 고전 조각 '라오콘'의 영향을 발견할 수 있습니다. 이는 루벤스가 이탈리아 유학 시절에 접한 다양한 예술 전통을 자신만의 방식으로 소화해 낸 결과입니다.

그림 속 세부 요소에는 각각 깊은 신학적 의미가 있습니 다. 십자가 아래 개는 시편 22편 16절의 예언("개들이 나를 에워쌌 으며 악한 무리가 나를 둘러 내 수족을 찔렀나이다")을 상기시키며, 배경 의 빽빽한 나무숲과 가지들은 생명나무와 선악을 알게 하는 나 무를 연상시킵니다. 이를 통해 루벤스는 인류의 타락과 구원이 라는 기독교의 핵심 교리를 암시합니다. 여기서 생명나무 역할 을 하는 나무 십자가는 결정적입니다. 인간은 에덴에서 불순종 하여 생명을 잃었지만, 나무 십자가에 달려 죽으시고 부활하신 그리스도를 통해 영원한 생명을 얻게 됩니다. 이것이 루벤스가 그리스도의 죽음을 통해 전하려는 구원의 메시지입니다. 이 그림은 교회와 신앙에 대한 논란이 많았던 시대에 교인들을 위한 신앙 교리문답 기능을 합니다.

좌우 날개 패널에는 그리스도를 따르는 제자들과 그의 처형을 집행하는 이들의 모습이 대조적으로 그려져 있습니다. 왼쪽부터 봅시다. 예수님의 어머니 마리아와 사랑하는 제자 요한이 서 있고, 그 아래로 참회하는 죄인 막달라 마리아, 글로바의 아내 마리아, 울고 있는 여인과 통곡하는 아이들이 있습니다. 이들은 모두 그리스도를 따르던 제자 그룹입니다. 예수님의 어머니 마리아를 주목해 봅시다. 주님이 사랑하는 제자 요한과 마리아가 서 있습니다. 진한 청색 외투를 걸친 그녀의 모습은 여전히 아름답습니다. 주름 하나 없는 아름다운 이미지는 반종교개혁 시대 로마가톨릭이 강조하던 마리아상을 반영한 것입니다. 가톨릭의 가르침에 따르면, 마리아는 하나님의 아들을 낳은 하나님의 어머니이기에 늙지 않습니다. 지금 그녀의 시선은 십자가에 달린 아들에게서 떨어지지 않습니다. 독특한 것은 아들을 보고 고통에 압도되어 무너지는 마리아가 아니라, 오히려 꼿꼿하고 굳건하게 서 있는 마리아, 세속의 슬픔과 고통을 초탈한 인간상을 보인다는 점입니다. 루벤스는 가톨릭의 가르침을 철저히 따라 마리아를 '성모'로, 인간의 죄를 구원할 공동 구속자로, 고통이 가득하고 혼란한 세상을 초탈한 경건의 모범으로 그립니다. 이는 종교개혁 이후 가톨릭 진영에서 장려하던 강력한 반종교개혁 이미지 가운데 하나로 꼽힙니다.

초대

　　오른쪽 패널로 이동하면 내러티브가 계속됩니다. 로마 병사들이 두 강도를 십자가에 못 박을 채비를 합니다. 첫 번째 강도는 땅에 널브러져 있고 다른 강도는 머리채를 잡힌 채 끌려갑니다. 어둠이 몰려오는 것 같습니다. 구름 사이로 개기일식이 보입니다. 거센 바람이 등골을 스치자 등장인물들이 몸을 떱니다. 시간이 다가옵니다. 곧 성전 휘장이 걷히고 구원을 받아들일 날이 다가옵니다. 하지만 이 절체절명의 순간을 그린 작가 루벤스는 그의 그림 앞에 선 우리에게 무엇을 말하려는 걸까요? 답은 분명합니다. 왼쪽 패널 끝, 아이를 가슴에 안고 있는 젊은 어머니의 눈을 따라가 봅시다. 이 여인은 십자가 죽음의 순간에 무릎을 꿇고 경외심과 간절함으로 구세주를 향해 기도합니다. 이제 오른쪽 패널에 있는 로마 사령관에게 시선을 돌려 봅시다. 말을 탄 그는 지휘봉으로 십자가에 달리신 예수의 발을 가리킵니다. 이것은 단순한 기하학적 패턴 그 이상입니다. 루벤스는 대혼란의 순간, 십자가에 달리신 그분 앞으로 우리를 초대합니다!

십자가 주위 사람들

제임스 티소, 〈우리의 구원자는 십자가 위에서 무엇을 보았는가〉

도화지 한 장 던져 주고 '십자가 사건'을 그려 보라고 하면, 백의 아흔아홉은 십자가에 달린 예수부터 그릴 게 뻔합니다. 하지만 이 작품은 이런 예상을 비껴갑니다. 십자가와 예수님은 전혀 보이지 않고, 그저 못 박힌 발가락만 그림 바닥 중앙에 살짝 보입니다. 그것도 자세히 보지 않으면 알아채지 못할 정도입니다. 게다가 더욱 당황스러운 사실은 그림 속 등장인물 모두가 감상하는 나를 응시한다는 점입니다. 내가 그림을 보는 게 아니라 그림이 나를 꿰뚫어 봅니다.

도대체 무슨 그림이 이럴까요? 작품 제목을 알고는 한 번 더 놀랍니다. 〈우리의 구원자는 십자가 위에서 무엇을 보았는가 What our Savior saw from the Cross〉. 프랑스 화가 티소James Tissot(1836-

제임스 티소,〈우리의 구원자는 십자가 위에서 무엇을 보았는가〉
1886-1894년, 회녹색 조면지에 흑연 밑그림 위 불투명 수채,
24.8×23cm, 브루클린 미술관

1902)는 이 작품을 통해, 예수님이 매달렸던 십자가에 우리를 매달아 놓습니다. 그리고 나서 십자가 위에 처참히 달린 예수의 시선으로 그 상황을 보게 만듭니다. 그리고 이렇게 묻습니다. "당신은 저기 어느 자리에 있는가?" 이 질문은 곧바로 "예수가 아니라 바로 당신이 십자가에 달려야 하지 않는가?"라는 물음으로 무겁게 돌아옵니다. 이로써 십자가 사건이 남의 일도 아니고, 고상한 감상 주제도 아니라는 걸 깨닫게 합니다.

십자가 주위 사람들

이 작품은 복음서에 나오는 십자가 사건이 배경입니다. 사순절이나 고난주간 끝자락인 성금요일에 이 그림을 조용히 감상한다면 어떨까요. 십자가 주위에 모인 군중은 깊은 묵상거리를 던집니다. 여기엔 네 부류 군중이 모여 있습니다. 로마 병정, 유대 종교 지도자, 구경꾼, 예수를 따르던 제자.

현장에는 동정심이라곤 찾아볼 수 없이 그저 상관의 명령대로 하나님의 아들을 십자가 못 박아 버리는 병정들, 기득권 유지를 위해 하나님의 이름을 팔아먹다가 결국 하나님의 아들을 핍박하고 죽음으로 내몬 종교 지도자들, 십자가 사건을 자신과 관계없는 흥밋거리로만 생각하는 구경꾼들, 그리고 절망에 휩싸인 십자가 밑 제자들이 등장합니다.

214

그리스도는 십자가 위에서 이 네 그룹을 봅니다. 무슨 생각을 하셨을까요? 십자가 주변에 모인 이 네 그룹은 2천 년 전 옛이야기로만 치부할 수 없습니다. 오늘도 여전히 이 네 그룹은 교회 안팎에 공존합니다. 교회 안에는 예수를 따르는 제자들만 있고, 교회 밖에 나머지 세 그룹이 있다고 생각하면 착각입니다.

그리스도인이라고 하는 '나'는 어디 서 있을까요? 세상 가치와 상관의 명령에 순응하는 로마 병정 곁에? 하나님의 자녀라는 확신은 있지만, 직분과 신앙 연수를 자랑하며 남을 정죄하고 하나님의 뜻을 왜곡하던 유대 종교 지도자 속에? 아니면, 꼬박꼬박 교회 예배에 출석하고 성경 공부, 제자훈련, 각종 교회 프로그램엔 열심이지만, 여전히 주변인 아니면 구경꾼 속에 숨어 있지는 않은지 돌아봅니다. 십자가 위 그리스도가 우리 중심을 보십니다.

십자가 아래 사람들

다시 한번 주목할 것은, 십자가 앞에서 제자들도 절망한다는 점입니다. 그동안 예수와 친분이 두텁다고 자랑하던 사람들이 모두 도망가 버렸으니, 여기 십자가 밑에 남은 사람들이야말로 참 제자입니다. 그런데 그런 사람조차 절망하고 괴로워합니다. 더 특별한 건, 마지막 십자가 밑 자리를 여인들이 차지하고 있다는 점입니다. 신약성서를 꼼꼼히 읽어 보면, 여성이 인권이나 역사의 주도권 따위는 생각지도 못할 시대에 구원사 중심에 여인들이 서 있다는 걸 확인할 수 있습니다. 십자가 주위뿐 아니라 부활 소식을 가장 먼저 접하고 알린 사람도 여인들이고, 바울이 로마서를 기록하고 로마교회에 전달하는 데 가장 중요한 역할을 맡은 겐그레아 교회 지도자도 여성입니다. 그 외에도 수많은 여성의 사역이 성서에 남아 있습니다. 이들이 아니었다면 선교 역사와 교회는 존재하지 못했을 게 확실합니다.

여하튼 십자가 사건에서 중요한 것은, 그렇게 사랑하며 믿었던 주님이 운명하실 때 여인들이 절망했다는 것, 그러나 이 절망 다음에 부활의 소식이 찾아왔다는 사실입니다. 성경이 우리에게 끊임없이 말하는 메시지가 바로 여기 있습니다. 칠흑 같은 죽음과 절망 가운데도 하나님은 계신다는 것, 절망 한가운데서 하나님의 구원이 나타났다는 것, 그것이 바로 십자가 사건이고 복음입니다.

그리스도인에게도 고난과 절망의 순간은 찾아옵니다. 예수 잘 믿는다고 고난이 비껴가는 법은 없습니다. 십자가 밑에서 비통에 잠긴, 십자가 밑에서 모든 희망을 잃고 흐느끼던 사람들처럼 누구에게나 시련은 찾아옵니다. 그러나 하나님이 원하시는 마지막 목적지는 절망과 패망이 아닙니다. 오히려 절망의 자리 한가운데 구원의 길이 있다고 깨우칩니다. 절망하던 여인들에게 부활의 소식이 주어집니다. 그러고 보면, 우리가 절망이라고 생각하는 그때가 바로 하나님이 행동하시는 절호의 기회가 됩니다. 사람의 가능성과 기대가 끊어진 그곳에서부터 하나님은 당신의 방법으로 구원의 일을 시작합니다. 그것이 십자가 사건이고, 하나님의 능력입니다. 그리고 이 능력을 믿는 게 신앙입니다.

십자가 밑 여인들

그림으로 돌아옵시다. 티소의 작품에는 다섯 명이 십자가 아래 여인의 모습으로 등장합니다. 특이한 것은 십자가 사건이 사복음서에 모두 나오지만, 십자가 주위에 있던 여인들의 수와 이름이 조금씩 다르다는 점입니다. 마태복음[27:56, 막달라 마리아, 야고보와 요셉의 어머니 마리아, 세베대의 아들들의 어머니]과 마가복음[15:40, 막달라 마리아, 야고보와 요세(셉)의 어머니 마리아, 제자 살로메]에는 세 여인이 등장하고, 요한복음[예수의 모친 마리아, 예수의 이모(마리아), 글로바의 아내 마리아(야고보의 어머니 마리아), 막달라 마리아]에는 총 네 여인이 등장하며, 누가복음에는 여인들의 이름이 나오지 않습니다.

정확히 누가 그 자리에 있었는지는 확실하지 않지만, 티소의 작품은 요한복음을 배경으로 삼은 게 분명합니다. 그리고 요한복음에 나오는 네 여인이 모두 '마리아'라는 점은 매우 특별합니다. 히브리어로는 '미리암', 아람어로는 '마리암', 헬라어로는 '마리아'인데, 이스라엘에서 가장 흔한 여자 이름입니다. 이 이름에는 '쓰다bitter', '반란rebellion'이란 의미가 있습니다. 고통스럽고 괴롭다는 뜻이다 보니 썩 좋은 이름은 아닙니다. 자기 딸에게 이런 이름을 지어 줄 사람이 어디 있을까 싶기도 합니다. 그런데 이렇게 좋지 않은 이름이 구원 역사에선 결정적인 역할을 합니다.

고통이 변하여 즐거움이 된다고 했던 이사야의 예언(9:1-7)이 이 이름과 연결됩니다. 실제로, 십자가 밑에서 절망하던 네 여인이 모두 마리아였지만, 부활의 예수를 가장 먼저 만난 사람도 (막달라) 마리아였습니다(요 20:15-17). 네 명의 마리아는 서로 다른 모습으로 쓰디쓴 인생을 살아가는 모든 신앙인을 상징합니다. 마라의 쓴 물이 한 나무로 인해 단물로 변하는 사건처럼(출 15:23-25), 십자가는 쓰디쓴 인생이 그리스도로 인해 구원받는 사건입니다.

뱀발: 세상의 모든 마리아를 위해

사족 하나 더합니다. 티소의 그림이 요한복음을 배경으로 했다면, 그림 하단에 매우 간절한 여인은 막달라 마리아, 셋이 모인 중앙에 푸른색 옷은 모친 마리아로 보입니다. 모친 뒤에 서 있는 두 사람은 예수의 이모와 글로바의 아내(야고보의 어머니)일 겁니다. 성경 이야기를 따르면, 왼편에 흰옷을 입고 두 손을 간절히 모은 채 십자가를 바라보는 사람은 주님의 사랑하는 제자 요한일 겁니다. 그런데 무척 특별한 건, 요한의 모습 어디를 봐도 남자 같은 분위기가 느껴지지 않습니다. 그 이유가 있습니다. 일반적으로 종교화에서 요한은 예수님의 '사랑하는 제자'라는 통념 덕분에 여인 아니면 미소년으로 그려지기 때문입니다.

그런데 이 작품에 나온 여인들 얼굴을 보면서 참 희한하게 느껴지는 건(저만의 착각일지도 모르겠습니다만), 요한을 비롯한 네 여인 모두 얼굴이 닮았다는 대목입니다. 뭐, 모두 친척이라서 그렇다고 하면 할 말이 없지만, 억지로라도 티소의 일생을 반추해 보면 여인의 정체를 추측할 수 있지 않을까 싶습니다.

티소의 작품에 유독 자주 나오는 한 여인이 있는데, 그가 사랑했던 비련의 여인 캐서린 뉴튼입니다. 그런데 이 둘의 관계가 기구합니다. 캐서린은 혼외 관계에서 아이를 가진 후 파혼당했고, 사회적으로 환영받지 못했던 사람입니다. 하지만 티소는 이 여인의 암울한 과거까지 사랑해서 사회적 비난을 감수하고 캐서린과 그의 아이들까지 가족으로 받아들여 행복하게 살았다고 합니다. 그런데 그런 뜨거운 사랑에도 불구하고 캐서린은 결핵에 걸려 죽게 됩니다. 본래 사교계 귀족들의 그림이나 그리던 티소는 연인을 잃은 상처를 못 이겨 은둔 생활을 하며 종교화에 몰두하게 됩니다. 그렇게 먼저 간 사랑을 잊지 못한 채 아파하다 고독한 죽음을 맞았다고 합니다.

여기 소개한 티소의 작품도 그 시기에 만들어진 작품입니다. 티소의 그림에 나오는 캐서린의 얼굴과 십자가 밑에서 서러워하는 여인들의 얼굴이 엇비슷하게 겹쳐 보이는 듯합니다. 정말 캐서린을 다양한 얼굴의 '마리아'로 그려 넣었다면, 이 작품은 결핵의 고통 가운데 죽은 캐서린이 부활하여 다시 만나길 소망하던 티소의 간절한 기도가 아닐까 싶습니다.

이 땅의 모든 마리아와 함께, 저도 티소가 갈망하던 그런 부활을 기다립니다.

죽음

안드레아 만테냐, 〈죽은 그리스도〉

눈앞에 펼쳐진 장면이 가히 충격적입니다. 이 작품은 르네상스 시대를 대표하는 예술가 중 한 명인 안드레아 만테냐 Andrea Mantegna(1431-1506)의 〈죽은 그리스도〉입니다. 이 작품은 전통적인 종교 회화와는 사뭇 다릅니다. 르네상스 시대의 수많은 뛰어난 그림 중에서도 이 작품은 특히 강렬한 인상과 복잡한 구도로 눈에 띄는 작품입니다. 일반적으로 르네상스 시대 이탈리아 회화는 브루넬레스키가 개발한 원근법을 활용해 광대한 공간감을 표현합니다. 하지만 만테냐의 〈죽은 그리스도〉는 다른 양상을 보입니다. 이 그림에서는 인물이 차지하는 공간이 정사각형에 가까울 정도로 압도적이고, 배경은 거의 등장하지 않습니다. 회화의 공간 구성에서 기존 이탈리아 르네상스 화가들과 구별되는 독특한 시도입니다.

그리스도의 시신

예수의 시신은 실제 길이보다 짧게 그려져 있어서 입체감과 공간감이 사실적입니다. 밀실 공포증이 있는 사람이 보면 소스라칠 만합니다. 어쩌면 만테냐의 이 작품은 북부 르네상스 예술가들이 보여 주는 감성주의에 좀 더 가깝게 느껴집니다. 하지만 해부학적으로 정밀하게 그려진 시신은 죽음 이후의 처참한 모습을 그대로 보여 줍니다. 이곳저곳 살갗에 남은 십자가 형벌의 흔적은 잔인한 고문의 상처를 생생히 증언하고, 생명이 떠난 그리스도의 얼굴은 하얗게 창백해져 마지막 순간 고통이 새긴 주름만 깊이 남아 있습니다. 희미하게 드리운 후광이 아니었다면 그리스도인지조차 알 수 없을 정도입니다.

작품 전체에 짙게 드리운 절망의 분위기가 가슴을 죄어 옵니다. 죽은 그리스도를 보며 애통하는 요한과 마리아의 모습은 인간이 드러낼 수 있는 비탄의 정점을 보여 줍니다. 하지만 중세 종교 화가들이 그려 낸 성모 마리아의 청순하고 고결한 형상과는 거리가 멉니다. 마리아는 거룩한 성모이기에 언제나 늙지 않는 젊고 아름다운 여인으로 그려지고, 그리스도는 십자가에서 죽더라도 인간의 고통을 초월한 천상의 얼굴로 그려지는

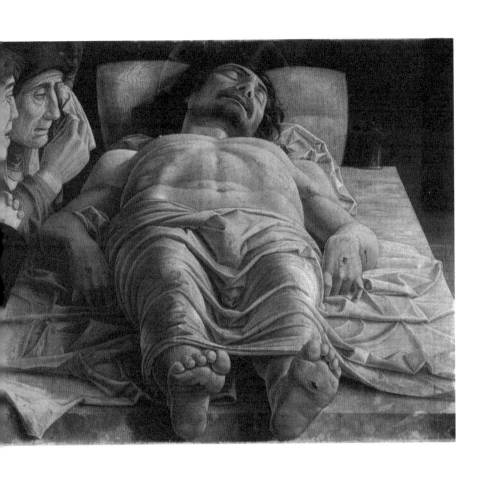

안드레아 만테냐, 〈죽은 그리스도〉
1490년, 캔버스에 템페라, 68×81cm, 밀라노 브레라 미술관

게 일반적입니다. 하지만 만테냐의 마리아는 주름 가득한 힘없는 여인으로, 그리스도는 죽음을 이기지 못해 고통으로 일그러져 사망한 보통 인간으로 그려집니다.

이 작품이 북부 르네상스의 영향을 받았다는 점은 그리스도를 표현한 방식에서도 드러납니다. 비잔틴 전통 초기 회화들에서 볼 수 있었던 신성함과 초월성이 아니라, 철저하게 육체화된 모습으로 그리스도를 그렸다는 건, 만테냐가 이탈리아가 아닌 북부 르네상스의 영향을 받은 반증으로 보이기도 합니다. 특히 그리스도의 십자가 상흔과 굳어진 피부, 손톱 등은 매우 사실적으로 묘사되어 있어서 마치 의과 대학 실험실에서 그리스도의 시체를 면밀하게 관찰하는 듯한 인상을 줍니다. 신비로웠던 그리스도의 모습이 완전히 인간화되었다는 것은 당시 예술계에 큰 충격을 주었다고 할 수 있습니다. 다른 북부 르네상스 화가들, 예를 들어 반 다이크 같은 이들은 그리스도에 대한 이런 표현 방식을 거의 신성모독적이라고 여겼던 것도 사실입니다. 당시 대부분의 종교인과 예술가에게 그리스도는 죽음을 극복한 전능한 존재였지, 이처럼 육체화된 모습으로 표현되어서는 안 되기 때문입니다. 그런 면에서 이 작품은 당시 교회와 예술계에 상당한 충격을 주게 됩니다.

해석

만테냐가 그런 사태를 예상하지 못했을까요? 그는 왜 이렇게 낯선 방식으로 그리스도의 죽음을 그렸을까요? 한편으로, 이 작품은 교회의 권위가 세상을 지배하던 시기에 르네상스가 도래하여 인본주의가 승리한 것을 상징한다고 해석할 수도 있습니다. 실제로 15세기는 종교인들의 부패로 인해 교회의 권위주의 체계가 한계를 드러냈고, 이에 대한 반동으로 르네상스가 도래한 전환기입니다. 이 시기에 만테냐는 르네상스 정신을 화폭에 녹진하게 담아 종교적 숭고함 대신 인간 실존의 단면을 포착해 냅니다.

전혀 다른 해석도 가능합니다. 만테냐가 가난하고 고통스러운 그리스도의 죽음을 강조한 것은 그리스도의 인간적인 면모를 드러내고 싶었기 때문일 수도 있습니다. 만테냐는 여기서 멈추지 않습니다. 그는 감상자가 그리스도의 인성에 생생하게 참여하도록 유도합니다. 머리에 비해 발을 작게 표현한 균형과 비례의 왜곡조차 마치 내가 거울을 머리맡에 두고 시신처럼 누운 듯한 착각을 일으키는 것 같아 섬뜩합니다. 그러나 그리스도의 시신에 드리운 끔찍한 슬픔과 고통은 결국 부활의 메시지를 더욱 극대화할 것입니다. 그리스도의 죽음과 부활은 동전의 양면과 같아서, 죽음을 깊이 묵상할수록 부활은 더욱 선명하게 얼굴을 드러냅니다.

빵을 떼는 순간

카라바조, 〈엠마오의 만찬〉

카라바조의 걸작 〈엠마오의 만찬〉은 그리스도의 인간적인 면모와 영적 깨달음을 담아낸 명화입니다. 이 그림의 배경은 누가복음에 유일하게 등장하는 '엠마오 두 제자' 일화에서 비롯됩니다(24:13-35). 예수님 부활 당일의 저물어 가는 오후, 글로바와 이름 모를 한 제자가 예루살렘을 등지고 고향으로 발걸음을 옮기고 있습니다. 그들의 마음은 감당하기 힘든 실망감으로 가득 차, 역사상 가장 놀라운 소식조차 귓등으로 지나갈 뿐입니다. 무덤이 비었고 여인들이 천사를 만나 주님의 부활 소식을 들었다는 것, 심지어 다른 제자들이 무덤에 가서 이를 확인했다는 것까지 알고 있었습니다. 게다가 부활에 관한 성경의 예언도 이미 숙지하고 있었습니다. 그럼에도 부활은 여전히 그들에게

카라바조, 〈엠마오의 만찬〉
1601년, 캔버스에 유채, 141×196.2cm, 런던 내셔널 갤러리

믿기 어려운 일이었던 모양입니다.

자신의 모든 것을 걸고 따랐던 예수님이 바로 곁에서 함께 걸어갈 때조차 그분을 알아보지 못했다는 사실이 이를 여실히 보여 줍니다. 단순히 예수를 알아보지 못한 것을 넘어, 더 큰 문제는 그들이 지금 잘못된 방향으로 가고 있다는 점입니다. 이들은 신앙 동지들이 모인 예루살렘 공동체를 등지고 반대 방향으로 가는 중입니다. 현대의 관점에서 보면, 오랫동안 몸담은 교회에 실망해 떠나는 누군가의 뒷모습 같아 씁쓸합니다. 이들의 실망과 좌절은 깊고 아픕니다. 이런 제자 곁에 예수님이 조용히 동행합니다. 길을 가다 제자들은 예수께 하룻밤 묵기를 청하고, 함께 저녁 식사를 나눈다는 이야기가 누가복음에 나오는 엠마오의 두 제자 이야기입니다.

카라바조의 〈엠마오의 만찬〉

엠마오의 만찬을 주제로 한 그림은 헤아릴 수 없이 많지만, 가장 널리 알려진 것은 아마도 렘브란트와 카라바조의 작품일 것입니다. 카라바조는 같은 주제로 1601년과 1606년 두 차례 작품을 만들었는데, 여기 소개하는 그림은 1601년 작품입니다. 이 그림은 식사 장면(눅 24:30-31) 중 찰나의 순간을 포착합니다. 예수님은 음식이 차려진 식탁에서 빵 위에 왼손을 펴 감사기도를 드린 후에 제자들에게 나누어 주려고 합니다. 누가복음 24장 31절은 그렇게 나누어 주자마자 제자들의 "눈이 밝아져 그인 줄 알아보더니"라고 말합니다. 그리고 곧 예수가 사라졌다고 설명합니다. 카라바조는 예수가 사라지기 직전, 즉 부활한 그리스도를 알아차리며 놀라는 순간을 화폭에 담습니다.

예수님은 빵 위에 왼손을 올려 축복기도를 드리고 계신데, 기도에 몰입한 그분 표정이 사뭇 진지합니다. 발그레한 뺨은 귀공자를 연상케 하지만, 왼손 검지와 중지 손톱에 끼어 있는 때는 우리와 다를 바 없는 평범한 인간이라는 걸 생생히 강조합니다. 빵을 떼는 순간 제자들이 예수를 알아보고 당황합니다. 한 사람은 두 팔을 벌려 이게 무슨 일이냐며 놀라고, 다른 한 사람은 의자에서 벌떡 일어서며 자기 눈을 의심합니다. 서 있는 사람은 여관 주인으로 추정되는데, 그는 알 듯 모를 듯한 표정으로 예수를 바라봅니다. 어쩌면 이 사람도 부활한 예수의 정체를 알아차리고 얼어붙어 있는 것일지도 모릅니다. 예수를 중심으로 세 사람은 경이로움의 시간에 들어갑니다.

이 그림 곳곳에는 시대를 관통하는 상징이 가득합니다. 손톱 밑에 때가 끼고 머리에 신성한 후광이 없는 예수, 구멍 난 옷을 입은 제자의 모습은 16세기 말 교회 현실을 비판하는 예리한 도구로 읽힙니다. 누가복음 24장에는 글로바라는 제자와 또 다른 익명의 제자가 등장하지만, 이 그림에서 누가 글로바인지는 특정할 수 없습니다. 다만 조개껍데기를 가슴에 단 인물이

어부로서 순례자의 삶을 살았으리라 짐작할 정도입니다.

　　카라바조가 성경에서 만난 하나님의 아들은 이 땅에 육신을 입고 오신 참 인간이기에 거룩함으로 치장된 모습과 다릅니다. 또한, 그리스도의 참 제자들은 화려한 복장이나 복잡한 예배 의식과도 무관합니다. 카라바조는 이런 통찰을 화폭에 담아냅니다. 그는 늘 예수님과 성자들을 평범한 사람, 땀 냄새 나는 노동자로 묘사하는데, 그 때문에 종종 교회에서 그의 작품을 거부했고, 그는 불경한 화가라는 비난을 받기도 했습니다. 그러나 카라바조의 고집스러운 태도는 주목해야 합니다. 이런 상황에서도 그는 타협하지 않고, 성경 인물을 미화하는 대신 자신이 만난 성경의 인물과 사건을 거침없이 표현합니다.

식탁 위 음식

　　〈엠마오의 만찬〉에서 인물들 못지않게 인상적인 부분은 식탁 위 정물입니다. 언뜻 보기에 평범하지만, 그 의미가 유별납니다. 잘 익은 닭 한 마리, 빵 세 덩이와 물병, 다양한 과일이 담긴 바구니가 전부입니다. 눈에 띄는 것은 강조된 백색 식탁보입니다. 식탁 위 모든 요소는 성경 메시지와 긴밀히 연결된 상징입니다. 물은 세례를, 빵과 포도는 성만찬을 상징합니다. 예수님의 최후 만찬은 유월절 만찬이었기에 일반적으로 양고기가 등장하지만, 여기서는 닭이 나옵니다. 닭은 보통 베드로와 연결되지요. 새벽닭이 울기 전에 베드로가 예수님을 모른다고 부인한 사건이 잘 알려져 있죠. 이 맥락에서 닭은 깨어 있으라는 메시지입니다. 유럽의 교회나 집 지붕 꼭대기에 종종 보이는 닭 모양 조각도 이와 같은 맥락입니다.

　　카라바조의 그림 속 닭을 이러한 맥락에서 바라보면 흥미로운 해석이 가능합니다. 푹 익어 뒤집힌 채 식탁에 오른 닭은 두려움과 의심의 순간에 예수를 부인했던 베드로를 은근히 비판하는 듯합니다. 이는 카라바조 시대 교회 성직자들을 향한 날카로운 비평으로도 읽힙니다. 당시 로마가톨릭교회에서는 교황이 베드로의 사도권을 계승받았고, 이 권위가 안수를 통해 사제들에게 이어진다고 가르쳤는데, 카라바조는 이 닭을 통해 "교회 지도자들이여, 제발 정신 차리시오!"라고 외치는 듯합니다. 과거나 현재나, 우리를 포함한 교회 지도자들은 늘 깨어 있어야 한다는 메시지겠지요.

　　하나 더 봅시다. 바구니에 담긴 과일들을 자세히 들여다보면, 그 속에 담긴 깊은 의미가 무엇인지 추측할 수 있습니다. 완전히 익어 입을 벌린 석류, 벌레 먹은 사과, 너무 익어 새카맣게 변해 버린 무화과, 백포도와 적포도 송이, 그리고 가장 싱싱해 보이는 오른편 가장자리의 큼직한 배. 당시에 정물화는 흔했지만, 카라바조가 선택한 이 과일들은 단순한 장식 이상의 의미가 있습니다.

카라바조, 〈젊은 바쿠스〉
1598년경, 캔버스에 유채, 95×85cm, 우피치 미술관

이 구성은 카라바조가 1598년에 그린 〈젊은 바쿠스〉의 과일 바구니와 유사하면서도 뚜렷한 차이점이 보입니다. 〈젊은 바쿠스〉가 신화적 요소를 바탕으로 했다면, 엠마오 식탁의 과일들은 성서의 이미지에 가깝습니다. 석류는 생명의 풍성함, 즉 부활을 상징하며, 포도는 그리스도의 피, 곧 성찬을 의미합니다. 그러나 나머지 과일들은 더 복잡한 의미를 내포합니다. 큼지막한 배는 인간의 거대한 욕망을, 사과는 원죄를 상징하지요. 작가는 멍들고 상한 사과를 통해 인간의 원죄가 얼마나 심각한지를 드러냅니다. 무화과는 교회를 상징하지만, 검게 익어 버린 혹은 썩기 직전인 모습을 통해 당대 교회가 얼마나 부패한 상태인지 암시합니다.

더욱 놀라운 점은 이 상반된 상징물이 한 바구니에 공존한다는 사실입니다. 부활(석류)과 부패한 교회(무화과), 거룩한 성찬(포도)과 탐욕(사과, 배)이 뒤섞여 있습니다. 게다가 이 바구니는 식탁 가장자리에 위태롭게 놓여 있어, 언제든 뒤집힐 것 같은 불안정한 모습입니다. 이는 당시 교회 공동체의 암울한 현실뿐만 아니라, 한 개인의 불안한 실존, 어쩌면 카라바조 자신의 복잡한 내면을 반영하는 것일 수 있습니다. 이는 비단 카라바조만의 문제가 아닙니다. 우리 모두가 이와 같은 모순된 존재가 아닐까요? 거룩함과 불경함, 정의와 불의, 정직과 거짓이 뒤섞인 채 '그리스도인'이라 자칭하는 우리 모습이 이 바구니에 투영되어 있습니다. 그래서 주님의 식탁 밖으로 쏟아져 버려도

할 말이 없을 것 같습니다.

　그런데도 이 그림에는 희망의 메시지가 담겨 있습니다. 순백색 식탁보를 봅시다. 그리스도께서 마련하신 식탁 위의 순결한 식탁보가 과일 바구니를 받치고 있다는 점은 작은 위안이 됩니다. 더욱이 카라바조는 여기에 한 가지 비밀을 더합니다. 과일 바구니 오른편 그림자에서 '물고기 꼬리'가 보입니다. 성경에서 물고기는 예수님이 제자들을 부르실 때 언급하신 '사람 낚는 어부', 즉 제자들을 상징합니다. 또한 초대교회 박해 시기에 물고기IXTUS는 그리스도를 하나님의 아들로 고백하는 그리스도인의 암호였습니다.

　이렇게 보면, 그림 속 과일 바구니와 그 그림자는 우리에게 이렇게 말하는 듯합니다. "여러분은 그리스도의 제자로 부름 받았습니다. 불안할 필요가 없습니다. 그리스도께서 당신 곁에서, 당신을 지지하고, 당신과 함께 걸어가십니다!" 이 은근한 음성이 두렵고 불안한 우리를 위로하고 감싸는 '주님의 자비 *Misericordias Domini*'입니다.

저주의 이름

조반니 카나베시오, 〈유다의 자살〉

　가룟 유다, 그는 역사상 가장 저주받은 인물입니다. 단테는 그의 《신곡》에서 유다를 최악의 죄인으로 간주하고 지옥의 제왕 루시퍼의 입에 물린 것으로 묘사합니다. 루시퍼는 입이 세 개인데, 로마의 카이사르를 암살한 브루투스와 카시우스가 각각 양쪽 입에 물려 있고, 가룟 유다는 가운데 입에 물려 있습니다. 이는 유다의 배신이 얼마나 큰 죄악인지 보여 주는 은유입니다. 단테의 이런 묘사는 중세 교회에서 배신이라는 행위를 얼마나 큰 죄악으로 여겼는지를 보여 줍니다. 신뢰를 깨뜨리고 공동체를 파괴하는 행위로 간주한 것이지요. 현대 사회라고 해서 크게 다를 바 없습니다. 신뢰는 인간관계의 기본이고 이를 저버리는 행위는 모두에게 큰 상처를 남깁니다.

우리는 성경에서 그리스도의 수난을 읽습니다. 그때마다 유다를 배신과 악의 대명사로 떠올립니다. 배신자 빌런의 역할을 잘 소화한 덕분에 그는 저주받은 사도로 이름을 남겼습니다. 두 가지 구체적인 순간에 그리스도를 배신했지요. 은전 서른 냥을 놓고 바리새인들과 계략을 꾸밀 때가 첫 번째 배신의 순간이었고, 두 번째는 겟세마네 동산에서 계획을 실행하는 중에 스승을 끌어안고 볼에 입을 맞추며 배신합니다. 가룟 유다는 그렇게 스승을 넘겨주고 죽음의 운명에 한 걸음 더 다가섭니다. 이 이야기의 버전은 다양합니다. 마태복음은 배신자 유다가 예수님이 정죄받았다는 사실을 깨닫고 양심의 가책을 느껴 은 삼십을 대제사장과 장로들에게 돌려주며 "내가 죄 없는 피를 팔아 넘김으로 죄를 지었소"라고 말하자 그들은 "그것이 우리가 무슨 상관이요? 그대의 문제요"라고 말했다고 전합니다. 그래서 그는 돈을 성전에 던지고는 목매달아 죽습니다(27:3-5, 새번역).

사도행전에 나오는 베드로의 오순절 설교에서도 가룟 유다의 운명을 찾아볼 수 있습니다. 우리는 그가 죄의 보응으로 밭을 가져온 것을 알고 있지만, 그는 몸을 던져 죽어 몸이 터지고 창자가 모두 쏟아져 나왔습니다. 이 사실이 예루살렘에 사는 모든 사람에게 알려졌고, 그들은 그 밭의 이름을 자기네 말로 '아겔다마', 즉 피의 밭이라는 뜻으로 지었습니다(행 1:16-20).

236

조반니 카나베시오, 〈유다의 자살〉
1491년, 프레스코 벽화, 노트르담 데 퐁탱 성당.

유다의 최후

앞의 두 성경 구절이 이제 소개할 그림의 배경입니다. 이 그림은 1491년 이탈리아의 거장 화가 조반니 카나베시오의 작품입니다. 카나베시오는 종종 해부학적 사실을 왜곡하여 끔찍하고 폭력적으로 묘사하는 것으로 유명합니다. 프랑스 라 브리그La Brigue에서 이탈리아 국경 쪽으로 조금 떨어진 곳에 카나베시오가 그린 수난 시리즈가 가득한 노트르담 성당Notre-Dame des Fontaines을 찾을 수 있습니다. 그곳 한쪽 벽에 그려진 〈유다의 자살〉은 그의 기괴한 방식을 가장 잘 표현한 프레스코화입니다. 이 장면은 '아겔다마'라는 들판에서 펼쳐집니다. 들판의 나무에는 단순히 붉은 열매가 아니라 사람의 피가 묻어 있습니다. 그 나무엔 올가미가 얼기설기 묶여 있고, 그 줄에 배신자 유다가 광기 어린 눈을 한 괴기스러운 모습으로 매달려 있습니다. 정리되지 않아 뾰족한 붉은 머리카락이 그의 참혹한 머리를 덮고 있습니다.

생명이 얼마 남지 않았지만, 여전히 번득이는 눈과 이빨, 튀어나온 혀는 이제부터 시작될 유다의 끔찍한 운명이 어떤 것인지 떨며 지켜보는 것 같습니다. 그의 시신이 차가워지기 시작하자 악마가 날아와 자신의 일을 시작합니다. 우선 유다의 칙칙한 망토를 찢고 살을 갈라 내장을 드러냅니다. 피가 튑니다. 아무리 봐도 끔찍한 장면입니다. 복부가 열리자 내장이 쏟아져 나오는데 악마는 그 안에 숨어 있던 부정한 영혼을 꺼냅니다. 그 순간 가룟 유다는 아무것도 하지 못하는 무기력한 시신일 뿐입니다.

유다의 최후를 다루는 성화나 조각은, 신자들이 보면서 각성하도록 주로 교회 출입구나 성문 같은 공공 영역 잘 보이는 곳에 전시되거나 다양한 매체에 등장합니다. 젠더감수성과 거리가 멀었던 고대 사회에서, 악마에 홀리는 존재는 보통 여성으로 간주되곤 했지요. 이는 남성 위주 사회에서 여성이란 존재는 의지가 약하고 악마에게 쉽게 속는다고 여겨졌기 때문입니다. 이런 의미에서 유다는 남성 캐릭터이지만 교부들은 유다를 종종 여성으로 표현하기도 했습니다. 가룟 유다같이 부패하기 쉽고 악마의 조정을 받을 만한 악한 인물이 남성 사도일 수 없다는 고대인다운 생각 탓일 겁니다.[8]

여하튼 카나베시오의 그림에서 악마는 여러 동물이 조합된 형태입니다. 날개는 박쥐, 뿔은 황소, 발톱은 독수리, 꼬리는 뱀, 몸은 고대 유럽 신화와 전설에 등장하는 뱀의 왕 바실리스크입니다. 박쥐는 죄와 반항을 상징하는 반면, 바실리스크는 눈만 보아도 사람을 즉사시킨다는 사탄의 상징입니다. 까마귀는 무관심한 죄인을, 뱀은 교활함과 사악함을 상징합니다. 유다에게 찾아온 악마는 유다 속에 숨어 있던 영혼을 어렵지 않게 꺼내 사로잡습니다.

배신과 용서

예수의 열두 제자 중 한 명이었던 가룟 사람 유다, 그의 이름은 오늘날까지도 '배신'의 대명사가 되었습니다. 하지만 여기서 잠시 멈추어 생각해 봅시다. 예수를 배반한 제자가 과연 유다 한 사람뿐이었을까요? 그 어둡고 혼란스러운 밤, 다른 제자들 역시 스승을 모른다고 하거나 도망가지 않았던가요? 조반니 카나베시오의 〈유다의 자살〉은 이 문제에 대한 깊은 통찰을 제공합니다. 화가는 유다의 내면에서 일어난 처절한 싸움을 포착해 냅니다. 그림 속 유다의 모습은 특이합니다. 그의 딱딱한 몸은 그림 왼쪽을 향하고 있지만, 머리와 갈라진 배에서 나오는 영혼은 오른쪽을 향합니다. 이는 잘못을 뉘우치면서도 용서받을 수 있다는 희망을 포기한 사람의 모습으로 보입니다.

유다의 가장 큰 실수는 자신의 잘못을 아파하고 후회하면서도 용서를 믿지 못한 데 있습니다. 그의 후회는 깊었으나, 그 후회는 하나님의 자비로 향하는 문이 아닌, 절망의 문으로 향합니다. 아이러니하게도 유다의 배신은 예수의 구원 사역을 완성하는 계기가 되었지만, 정작 그 자신은 구원을 받지 못했습니다.

이 이야기는 우리에게 중요한 교훈을 줍니다. 성경이 알리는 하나님은 우리가 실수하거나 죄를 짓는 것보다, 그분께 다가오는 것을 포기할 때 더 마음 아파하는 분입니다. 실수하고 넘어진 뒤에도 다시 하나님께 돌아갈 수 있다는 것, 바로 이것이 진정한 회개이고 새로운 시작입니다. 이 이야기에는 두 개의 나무가 나옵니다. 유다가 선택한 나무와 예수님이 달리신 십자가입니다. 같은 나무라도 우리의 선택에 따라 절망의 끝이 될 수도 있고, 새로운 시작이 될 수도 있습니다. 우리는 매일 이런 선택의 갈림길에 서 있습니다. 절망으로 가는 길이 아닌, 사랑과 용서의 길을 선택하면 새로운 희망을 발견할 수 있을 것입니다.

질문하는 신앙

카라바조, 〈의심하는 도마〉

부활절 다음 첫 번째 주일에는 '아이처럼 새롭게 태어나는 날Quasimodogeniti infantes'이라는 특별한 이름이 붙습니다. 부활 주일이 주님의 부활을 기억하고 감사하는 날이라면, 이날은 그리스도인들이 새롭게 거듭나는 '작은 부활절'과 같습니다. 이날 교회력 복음서 말씀에는 의심 많은 도마 이야기가 나오곤 하는데, 그때마다 제 머릿속에는 '거듭나는 게 뭘까'라는 질문과 함께 카라바조의 〈의심하는 도마〉가 떠오릅니다. 여러 매체를 통해 자주 접했던 그림이라 익숙하지만, 볼 때마다 여러 생각을 하게 됩니다.

카라바조, 〈의심하는 도마〉
1601-1602년, 캔버스에 유채, 107×146cm,
포츠담 상수시 궁전 갤러리

기이한 천재

카라바조의 본명은 미켈란젤로 메리시 다 카라바조 Michelangelo Merisi da Caravaggio(1571-1610)입니다. 하지만 한 세기 앞서 태어난 불세출의 예술가 미켈란젤로 부오나로티 Michelangelo di Lodovico Buonarroti Simoni(1475-1564)와 이름이 같다는 이유로, 출신지 '카라바조'로 더 잘 알려져 있습니다. 카라바조 는 미술사에서 찾아보기 힘들 정도로 기이한 인물입니다. 얽매 이는 삶을 싫어했고, 불같은 성격 탓에 폭행과 살인 사건에 자 주 휘말렸습니다. 테니스 경기 중 상대를 칼로 찔러 사망하게 한 사건도 있었고, 몰타 기사단과 싸워 중상을 입히고 자객들 에게 쫓기는 삶을 살았습니다. 하지만 이런 무분별한 사생활에 도, 추기경과 고위 성직자들이 그를 구해 줄 정도로 천재적 재 능을 소유한 인물입니다. 그러나 이런 천재성에도 불구하고 서 른여덟이라는 젊은 나이에 삶을 마감했죠. 인지도 면에서는 미 켈란젤로 부오나로티에 미치지 못한다는 평가도 있습니다. 하 지만 미술사에서 카라바조는 부오나로티 못지않은 위대한 예 술가가 분명합니다. 그의 작품에는 중세 르네상스 작품에서 보 기 드문 특별한 정신이 깃들어 있기 때문입니다. 그의 대표작 〈의심하는 도마〉에서 그 혁신적 정신을 만나 봅시다. 일단, 가 로세로 1미터가 넘는 이 그림 앞에 서면 한동안 자리를 뜨지 못 할 것입니다.

오타비오 레오니, 〈카라바조의 초상〉
1621년경, 종이에 목탄, 234×163mm,
피렌체 마루첼리아나 도서관

넝암의 마술사

2008년이었던 것 같습니다. 독일에서 오스트리아 비엔나를 경유하면서 오스트리아 국적 항공기를 이용한 적이 있습니다. 환승 전에 시간이 다섯 시간 정도 남아서 항공사가 제공하는 무료 입장권으로 공항에서 멀지 않은 비엔나 예술사 박물관Kunsthistorisches Museum, Vienna에 들른 적이 있습니다. 그저 시간이나 때울 생각이었는데, 거기서 〈골리앗의 머리를 들고 있는 다윗David with the Head of Goliath〉이라는 카라바조 작품을 보고 기겁했습니다. 그 당시 저는 그림의 기역 자도 모르던 때였지만, 그냥 그 그림 앞에서 몸이 얼어붙었습니다. 캔버스에서 금방이라도 튀어나올 것 같은 강렬하고 섬뜩한 기분, 뭔가 말로 표현할 수 없는 감정이 한순간 복잡하게 휘몰아쳤습니다. 일종의 종교적 체험 같은 탓에 한동안 말을 잃고 당황했던 기억이 아직도 생생합니다. 제가 종교화에 관심을 두게 된 것이 바로 그때부터입니다. 그 일 후로 이 그림의 작가가 누구인지, 이 작품이 무엇이지, 그 시대는 어떤 시대인지, 질문의 폭이 점점 넓어졌습니다. 아직도 그때 그 체험의 정체가 무엇인지는 잘 모르겠지만, 이후로 그림을 찾아 읽는 건 저의 즐거운 숙제가 되었습니다.

말이 샜네요. 카라바조 작품의 강렬함은 예민하지 않은

카라바조, 〈골리앗의 머리를 든 다윗〉
1605년, 캔버스에 유채, 125×101cm, 보르게세 미술관

카라바조, 〈세례 요한의 머리를 들고 있는 살로메〉
1607년, 캔버스에 유채, 91.5×106.7cm, 런던 내셔널 갤러리

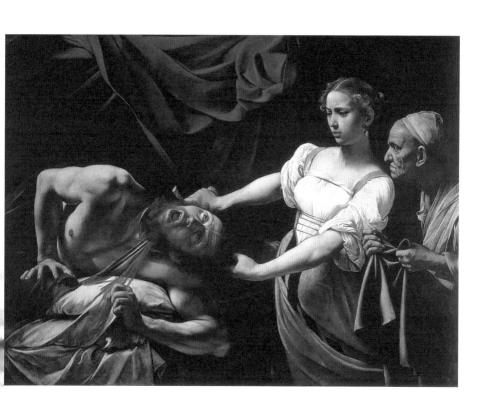

카라바조,〈홀로페르네스의 목을 치는 유디트〉
1599년, 캔버스에 유채, 145×195cm, 아르테 안티카 박물관

사람이라도 공감할 수 있을 겁니다. 명암이나 색감뿐 아니라 순간을 포착한 사진처럼 등장인물의 손가락과 표정, 심지어 주름과 머리카락 한 올까지도 너무 사실적이라 보는 사람을 압도합니다. 마치 캄캄한 연극 무대에 선 주인공을 강한 조명으로 비추는 것 같은 착각이 들 정도입니다. 카라바조는 흐르는 시간과 사건을 이런 방식으로 잡아챕니다. 앞서 말한 대로, 〈골리앗의 머리를 든 다윗〉에서 골리앗의 잘린 머리를 덤덤하게 손에 들고 있는 다윗이라든지, 〈세례 요한의 참수〉나 〈홀로페르네스의 목을 자르는 유디트〉의 그림은 보는 이들을 섬찟하게 만듭니다. 교회나 수도원에 이런 그림이 걸려 있다면, 기도하러 들어갈 맘이 나기는 할까 싶을 정도입니다. 빛과 어둠을 극단적으로 대비하는 키아로스쿠로 기법이 사건을 더 사실적이고 극적으로 만들어 냅니다. 그가 사용한 이 기법은 후대 화가들에게 큰 영향을 주는데, 루벤스와 렘브란트도 그 가운데 한 명으로 꼽힙니다.

요한복음의 도마

도마는 늘 그 이름 앞에 '의심 많은'이라는 수식어가 붙습니다. 마태복음, 마가복음, 누가복음은 그의 이름만 언급할 뿐 이런 수식어를 붙이지는 않습니다. 그래서 정말 의심이 많은 사람인지 확인할 길은 없습니다. 이에 비해 요한복음은 도마를 좀 더 자세히 묘사합니다. 세 번 정도 등장합니다. 우선, 요한복음 11장에서 도마는 예수님이 죽은 나사로에게 가려 하시자 걱정 스레 바라보던 제자들에게 "우리도 함께 죽으러 갑시다"라며 용기를 독려하는 충직한 제자로 소개됩니다. 자신은 스승과 운명 공동체이니 스승과 함께 죽음도 불사하겠다는 결의에 찬 모습입니다. 요한복음 14장에서는 주님이 가실 길이 어딘지 잘 모르겠다며 그분 앞에 솔직하게 마음을 털어놓는 인물로 등장합니다. 이 구절이 저에겐 위로가 됩니다. 우리도 그렇지 않나요? 어제까지 굳건한 신앙을 자랑하다가도, 순간순간 흔들리고 비틀거리는 자신을 볼 수 있습니다. 신앙은 끊임없이 '큰 것'으로 성장하는 게 아니라 의심과 시련의 부침을 겪습니다. 그래서 시편의 시인들처럼 하나님을 원망하기도 하고, 지금 이 길이 맞는 길인지 자책하기도 합니다. 요한복음 14장에 나오는 도마가 딱 그 모습입니다. 흔들리는 도마의 모습이 내 모습과 겹치기에 그리도 위로가 되는지도 모르겠습니다.

세 번째 등장은 이 그림의 배경이 되는 요한복음 20장입니다. 안식 후 첫날 저녁 부활하신 제자들에게 주님이 찾아왔지만, 당시엔 도마가 없었지요. 제자들이 도마에게 부활하신 주님을 만났다고 전하지만, 도마는 믿지 못했습니다. 외려 이렇게 말합니다. "내가 그의 손의 못 자국을 보며 내 손가락을 그 못 자국에 넣으며 내 손을 그 옆구리에 넣어 보지 않고는 믿지 아니하겠노라"(요 20:25). 그로부터 여드레가 지납니다. 제자들이 모인 곳에 주님이 다시 나타납니다. 팔 일 전에 도마의 그 말을 옆에서 들었던 것마냥 주님은 상처를 만져 보라고, 그래서 의심 대신 믿음을 가지라고 말씀합니다. 거기서 도마는 완전히 무너집니다. "나의 주님이시요, 나의 하나님이시니이다"(28절). 이 말을 할 때 도마는 어떤 심정이었을까요? 단순히 '감격'이라는 말로는 부족할 것 같습니다. 의심에서 확신으로, 자기 존재의 모든 것이 무너졌다 다시 일어서는 경험, 그것이 도마가 경험한 부활 아닐까요.

질문하는 교회

여기서 한 가지 오해를 풀고 갑시다. 요한복음 20장을 비롯하여 성경 어디에도 도마가 예수님의 옆구리에 손을 넣어 확인했다는 구절은 없습니다. 카라바조가 그려 넣은 도마의 모습은 작가의 상상입니다. 하지만 카라바조의 표현은 단순한 상상력을 뛰어넘습니다. 놀라운 건, 이 작품에서 중세 성화에서 발견되는 성스러움이나 종교적 경건, 초월성 따위는 어디서도 찾아볼 수 없다는 점입니다. 등장하는 네 인물은 지독하게 사실적이고 현세적입니다. 네 사람의 시선은 모두 한곳에 집중됩니다. 벌어진 옆구리는 날카로운 창상이 깊습니다. 하나님의 아들이라고 하는 이의 가슴과 얼굴은 창백하고 피곤한 기색이 역력합니다. 제자들의 표정엔 스승에 대한 경외감은 고사하고 존경심도 읽히지 않습니다. 마치 외과 의사처럼 상처만 관찰합니다. 뒤쪽에 있는 두 제자도 마찬가지입니다. 찌푸린 주름으로 보아 순서가 되면 나도 한번 확인해 봐야겠다는 듯 진지하게 상처 난 곳만 바라봅니다.

이 그림은 우리에게 이렇게 묻는 것 같습니다. '의심은 불경한 것인가?' 못 자국 선명한 예수님의 손을 주목해 봅시다. 그분의 오른손은 도마가 상처를 자세히 볼 수 있도록 당신의 옷깃을 여미고, 의심하는 도마의 손을 잡아 정확한 상처 지점으로 인도합니다.

카라바조가 그려 낸 그리스도는 '의심을 믿음으로 이끄는 분'입니다. '그리스도를 믿는다'라는 건 무슨 뜻일까요? 카라바조의 그림 속 그리스도의 풍모는 보잘것없어 보입니다. 그의 얼굴은 창백하고 피곤해 보입니다. 우리 모습과 별반 다르지 않습니다. 그러나 이것이 바로 천재 카라바조의 신앙고백 아닐까요. 그리스도의 참된 신성은 성육, 즉 하나님이 참인간의 모습을 입은 것입니다. 그래서 아픔, 피곤함, 보잘것없음, 이런 것들이 모두 부활의 그리스도 안에 담깁니다. 하나님의 신성을 한없이 비워 낸 분이야말로 참으로 성육한 하나님의 아들입니다. 이 그림은 그 메시지를 담아냅니다. 중세 성화에서 이런 그리스도의 모습은 거의 찾아보기 힘듭니다. 카라바조는 왜 부활하신 그리스도를 이렇게 비천한 모습으로 그리고, 제자들을 신앙 없는 모습으로 표현했을까요?

이 그림이 당대 교회를 향한 날 선 비판은 아니었을까요? 〈의심하는 도마〉가 묘사한 그리스도는 권력을 탐하던 교회와 성직자들에 대한 비판적 메시지로 읽힙니다. 16세기에서 17세기로 전환되던 시기는 중세에서 근대로 넘어가던 시점입니다. 자유분방한 삶을 희구했던 카라바조의 눈에 비친 교회의 모습은 본모습에서 멀리 떨어져 있었습니다. 시대는 변하지만, 교회는 여전히 현세의 권력을 꾀하면서 복지부동입니다. 누군가 교회를 향해 질문하면, 권위에 대한 도전으로 받아들이고, 불경이며 불신앙으로 판정하기 일쑤였습니다.

그러고 보면, 질문 없는 신앙은 언제나 위험합니다. 질문 없는 신앙은 자기의 옳음을 지키기 위해 다름을 용납하지 않습니다. 종교든 문화든 이데올로기든 차이와 다름을 용납하지 않는 근본주의가 폭력적인 이유가 여기 있습니다. 유한한 인간이 모든 진리를 다 알고 있다고 말하는 것만큼 오만한 태도가 없습니다. 유한한 인간이 가진 진리는 유한합니다. 그러나 이런 인간에게 질문은 미지의 세계를 여는 열쇠가 됩니다. 의심과 질문은 더 깊은 세계를 더 깊이 이해할 수 있게 안내하는 통로입니다. 우리가 사는 세상을 눈여겨보면, 때론 선과 악, 정의와 불의, 옳음과 그름이 모호할 때가 무척 많습니다. 오늘 선이었던 것이 내일 악이 될 수도 있고, 오늘의 정의가 내일의 불의가 될 수도 있는 게 우리 사는 세상이지요. 그러고 보면, 세상의 어떤 것도 당연하지 않습니다. 그 때문에 물어야 합니다. 신앙도 마찬가지입니다. 신앙에 대한 의심과 질문은 불신앙의 징표가 아니라 은총으로 가는 길이 됩니다. 질문하고 의심하는 도마의 손을 잡아 상처 깊숙한 곳으로 인도하신 그분을 잊지 맙시다. 그분이 그리스도시요, 우리의 주님입니다.

도마의 거듭남

글 앞머리에 부활절 다음 일요일이 '아이처럼 새롭게 태어나는 날'이라는 설명과 함께 '거듭난다는 게 뭘까'라는 질문을 던졌습니다. 도마 이야기에서 한 가지 답을 찾아봅니다. 우리도 도마처럼 솔직해져 보는 것이 중요합니다. 때로는 주님과 함께라면 죽음도 불사할 수 있다(요 11:16)며 큰소리치다가도, 이 길이 맞는지 확신이 서지 않는다(요 14:5)고 의심하며 무너지는 것이 자연스러운 신앙의 길입니다. 우리는 그렇게 나약한 존재입니다. 그러나 신앙은 거기서 끝나지 않습니다. 회의의 숲을 지날 때 용감히 질문합시다. 부활하신 주님께서 우리 손가락을 당신의 상처 깊은 곳으로 인도하여 의심을 풀어 주시며, 더 깊은 신앙의 길로 인도하실 것입니다. 그때 비로소 우리는 아이처럼 새롭게 태어났다는 것을 깨닫고 고백하게 될 것입니다. 그것이야말로 기듭나는 깃입니다.

　승천하시기 전, 예수님은 제자들을 모아 놓고 세상 끝까지 복음을 전하라는 지상명령을 주셨습니다. 열두 제자 중에 누가 가장 멀리 복음을 전했는지 아시나요? 수제자 베드로도 아니고, 야고보도 아니고, 사랑하는 제자로 불리던 요한도 아닙니다. 그들 모두 예루살렘을 벗어나지 못했고, 기껏해야 로마에 그쳤습니다. [열두 제자는 아니었지만] 지중해를 중심으로 소아시아 지방까지 선교했던 바울은 그래도 조금 나은 편입니다. 그러면 의심 많다고 깔보던 제자 도마는 어디까지 갔을까요? 성경에는 나오지 않지만, 교회 전승에 따르면, 그는 열두 제자 중에서 가장 먼 곳, 인도 케랄라까지 복음을 들고 나갔고, 거기서 약하고 병든 사람들을 섬기다 순교했다고 전해집니다.

　'거듭난다'라는 것은 무엇일까요? 그것은 진리를 향해 끊임없이 질문하는 신앙을 가져야 한다는 것 아닐까요. 이것이 도마를 통해 건져 낸 '거듭남'의 가르침입니다.

돌아섬

카라바조, 〈다메섹 도상의 회심〉

"사울이 길을 가다가 다메섹에 가까이 이르더니 홀연히 하늘로
부터 빛이 그를 둘러 비추는지라. 땅에 엎드러져 들으며 소리
가 있어 이르시되 사울아 사울아 네가 어찌하여 나를 박해하느
냐 하시거늘 대답하되 주여 누구시니이까 이르시되 나는 네가
박해하는 예수라."

_사도행전 9장 3-5절

카라바조의 걸작 〈다메섹 도상의 회심〉은 인간 존재의
본질과 변화의 순간을 포착한 명작입니다. 1600년에 그린 이
작품은 로마 포폴로 광장 근처의 산타 마리아 성당에서 만나 볼
수 있습니다. 제가 이 그림을 처음 만난 건 2008년 여름입니다.

그림이 전시된 산타 마리아 델 포폴로 성당은 그리 크지 않았는데, 그날 40도가 넘는 여름 더위에 한참 기다려 들어간 탓인지 무척 시원했던 기억이 있습니다. 당시만 해도 이 작품을 보려면 그림 앞에 있는 작은 통에 돈을 넣어야만 볼 수 있었습니다. 동전을 넣는 순간 어두운 벽에 갑자기 불빛이 비쳤고, 거기서 그림을 딱 30초만 볼 수 있었습니다. 내부가 워낙 어두워서 '무슨 놈의 작품 전시를 이런 식으로 했느냐'며 로마 관광청만 신나게 푸념했는데 옆에 있던 한 외국 관광객이 동전을 여러 개 놓고 감상하는 모습을 보고 살짝 민망해졌습니다. 여하튼 그분 덕에 환한 불빛 밑에서 감상했던 기억이 아직도 생생합니다. 제 기억에 이런 독특한 관람 방식이 카라바조의 키아로스쿠로(명암법)를 더욱 돋보이게 했던 것 같습니다. 빛과 어둠의 극명한 대비는 관람객을 순식간에 그림 속 장면으로 끌어들이는 힘이 있습니다.

이 작품은 사도행전 9장에 나오는 사울의 회심 장면을 묘사합니다. 그러나 카라바조는 이 장면을 매우 독특하고 혁신적인 방식으로 해석합니다. 일반적인 예상과 달리, 이 그림의 주인공은 바닥에 떨어진 사울이 아닙니다. 놀랍게도 그림에서 가장 밝고 큰 면적을 차지하는 것은 '말'입니다. 이러한 해석은 카라바조의 천재성을 잘 보여 줍니다. 그는 단순히 성경 이야기를 재현하는 데 그치지 않고, 깊은 상징과 의미를 캔버스에 담아냅니다. 땅에 떨어진 사울은 금방이라도 말발굽에 밟힐 듯 위

카라바조, 〈다메섹 도상의 회심〉
1601년, 캔버스에 유채, 230×175cm,
로마 산타 마리아 델 포폴로 성당

험에 처해 있지만, 동물인 말은 오히려 사람인 사울을 응시하며 그를 밟지 않으려 조심스레 발을 들어 올립니다. 동물이 사람을 배려하는 이상한 장면입니다. 카라바조의 의도가 여기 담깁니다.

변곡점

이 장면은 사울의 인생이 완전히 뒤바뀌는 결정적 순간을 포착합니다. 당시 사울은 로마 시민권을 가진 유대인으로, 최고의 학문가인 가말리엘 학파의 수제자였습니다. 현대로 비유하자면 최고 명문가 출신에, 최고 대학 교수가 될 만한 스펙을 가진 인물이었죠. 그러나 예수의 강한 빛으로 인해 그는 말에서 떨어지고, 그의 모든 지위와 명예는 순간 무의미해집니다. 카라바조는 이 극적인 순간을 통해 깊은 종교적·철학적 메시지를 전달합니다. 말의 눈은 하나님의 눈을 연결하는 중개자 역할을 하며, 이는 모든 피조물이 하나님의 섭리 아래에 있음을 상징합니다. 사울의 회심은 인간의 모든 세속적 가치가 하나님 앞에서 얼마나 무력한지를 보여 주는 동시에, 하나님의 은혜와 선택이 얼마나 강력한지를 드러냅니다. '큰 자'라는 뜻의 사울이 미물微物의 도움을 받습니다. 그런데 이 모든 일은 그리스도의 빛 아래서 일어납니다. 예수의 빛과 음성을 듣는 순간, 이런 일들이 일어납니다.

　　이 작품의 혁신성은 당시 미술계에 큰 파장을 일으켰습니다. 카라바조는 전통적인 종교화의 관행을 깨고, 매우 현실적이지만 극적인 방식으로 성경 장면을 재해석했습니다. 그의 인물들은 이상화되지 않은 평범한 모습을 하고 있으며, 빛과 어둠의 극적인 대비는 장면의 긴장감을 극대화합니다. 카라바조의 이 작품은 후대 화가들에게 지대한 영향을 미쳤습니다. 렘브란트를 비롯한 수많은 화가가 카라바조의 키아로스쿠로 기법과 극적인 구도를 자신들의 작품에 적용했습니다. 이는 단순히 기술적인 모방을 넘어, 종교적 주제를 다루는 새로운 방식의 탄생을 의미했습니다.

　　미술사적으로도 이 작품의 가치는 매우 큽니다. 카라바조의 스타일은 '카라바지스티'라 불리는 추종자들을 만들어 냈습니다. 그의 영향은 렘브란트, 페르메이르 등 네덜란드 황금시대 화가들에게까지 이어졌습니다. 이 작품을 감상할 때는 단순히 그림의 아름다움이나 기술적 완성도를 넘어, 그 속에 담긴 깊은 철학적·종교적 의미를 함께 숙고해 보길 바랍니다.

천국과 지옥

한스 멤링, 〈최후의 심판〉

첫인상부터 강렬합니다. 섬세한 표현뿐 아니라 "최후의 심판"이라는 작품명에서 풍기는 섬뜩함이 보는 사람을 긴장하게 만듭니다. 마르틴 루터의 종교개혁이 시작되기 직전, 그러니까 중세 말엽인 15세기 말 작품이어서 그런지 장면 곳곳에 신화적 세계관이 선명합니다. 작가인 한스 멤링Hans Memling (1440-1494)은 지금의 벨기에 브뤼헤 은행 소유주였던 안젤로 타니의 주문으로 이 그림을 제작하게 됩니다. 당시 유럽 최고 거상이었던 메디치 가문의 번영을 기원하려고 이런 주문을 했는데, 그 은행이 바로 피렌체 메디치 가문 소유였기 때문입니다.

한스 멤링, 〈최후의 심판〉
1467-1471년, 목판에 유채, 221×161cm(중앙),
223.5×72.5cm(날개), 그단스크 국립 박물관

천상계

작품을 봅시다. 그림은 심판이 이뤄지는 중앙화를 중심으로 오른편엔 지옥, 왼편엔 천국으로 구분되는 전형적인 세 폭 제단화입니다. 가장 중요한 중앙화부터 봅시다. 전체적으로 하늘과 땅이 양분되는 구도입니다. 천상에는 최후의 심판주 그리스도와 열두 사도, 왼편에는 마리아, 그 건너편에 무릎 꿇은 세례 요한이 보입니다. 열두 제자 머리 위를 날고 있는 네 천사 손엔 돌기둥/채찍, 십자가, 가시관, 창/망치가 있습니다. 모두 그리스도의 십자가 사건과 연결된 상징입니다. 이것으로 천사의 임무는 그리스도의 영광을 드러내는 것임을 알 수 있습니다. 그림 중간에도 세 천사가 보입니다. 이들은 천상의 천사와 달리 하늘과 땅의 경계에서 세상의 종말을 알리며 나팔을 불고 있습니다.

심판주 그리스도는 황금공 위에 발을 올리고 큰 링에 걸터앉아 있습니다. 황금공은 지구든 태양이든 무엇으로 해석해도 무방하지만, 황금색으로 처리한 의미가 중요합니다. 황금은 가장 거룩하고 영원한 것을 상징하기에 거기서 나오는 빛이 어둠을 이기고 땅에 힘을 줍니다. 고대인들은 태양이 이런 황금공이라고 생각했다고 합니다. 그리스도가 걸터앉은 링은 무지개입니다. 이 무지개가 하늘 왕국과 땅의 왕국을 연결합니다. 구약성경 노아의 홍수 사건에서 무지개가 다시는 물로 심판하지 않겠다는 약속을 상징하는데, 여기서 무지개 위에 앉은 그리스도는 물의 심판과 비교할 수 없는 최종적인 심판을 하늘과 땅 모든 곳에서 수행한다는 것을 보여 줍니다. 그리스도의 손을 봅시다. 펼쳐진 오른손 세 손가락은 삼위일체 하나님을 뜻하고, 하늘로 향한 손과 팔의 위치는 하나님의 축복을 상징합니다. 마지막 날 의인들에게 주어질 삼위일체 하나님의 축복을 이렇게 묘사한 것이지요. 오른손과 달리 왼손 세 손가락은 땅을 향해 엎어져 있습니다. 이는 정반대 의미를 가리키는데, 악인에게 도래할 심판을 뜻합니다. 특이한 것은, 개신교 교리에서 볼 수 없는 로마가톨릭 교리가 이 그림에 담겨 있다는 점인데, 하늘과 땅을 연결하는 무지개 양 끝에 마리아와 세례 요한이 기도하는 모습이 보입니다. 이를 통해 로마가톨릭교회의 중보자 교리를 엿볼 수 있습니다.

지상

중앙화 하단의 땅을 자세히 살펴봅시다. 땅의 색깔이 차이가 납니다. 왼편은 푸른 초장이 펼쳐져 있고, 오른편은 황량합니다. 땅과 하늘의 경계선에 대천사 미카엘이 검은 갑옷을 입고 서 있습니다. 참고로, 성경에서 이름이 거명되는 천사는 미카엘, 라파엘, 가브리엘, 이렇게 셋입니다. 그중에 미카엘은 전쟁의 천사라서 악과 싸우기 위해 손에 칼을 든 모습으로 그려지는 게 보통입니다. 하지만 이 그림에선 칼 대신 십자가 모양 저울을 들고, 거기에 사람의 영혼을 달아 의인과 악인을 가르는 최종 심판을 수행합니다. 종말이 되면 죽은 자들도 모두 무덤에서 일어나 이 저울에 올라 영혼의 무게를 잰 다음 천국과 지옥으로 갈릴 것입니다.

이 그림에서는 두 사람이 저울에 달려 있습니다. 악인은 어떻게든 저울을 무겁게 만들어 밑으로 내려 보려고 안간힘을 쓰지만, 가벼운 영혼 탓에 저울접시가 위로만 올라갑니다. 이에 반해 왼편에 있는 의인은 최후의 심판이 이뤄지는 이 순간에도 저울 위에서 기도하며 평온한 모습을 유지합니다. 그의 영혼은 묵직한 탓에 저울접시가 아래로 내려갑니다. 이렇게 저울에서 영혼의 무게가 정해지면, 영혼이 가벼운 악인은 마귀의 채찍을 맞으며 영원한 불구덩이로 던져지고(오른편), 의인들이 천국 열쇠를 손에 든 문지기 베드로의 환대를 받으며 수정 계단에 올라섭니다(왼편). 그런 다음, 천사들의 환호 속에 새 옷을 갈아입고 드디어 천국 문 안으로 들어가는데, 이것으로 의인의 최종적인 구원이 완성됩니다.

기독교 예술에서 저울에 영혼의 무게를 다는 도상은 중세부터 출현했지만, 이집트의 《사자의 서Book of the Death》를 보면, 이 도상은 그보다 훨씬 오랜 기원이 있음을 반증합니다. 이집트 신화에 따르면, 사람이 죽으면 지하 세계의 왕으로 불리는 오리시스가 죽은 자의 영혼을 저울에 달아 사람의 살아생전 공과를 가리게 됩니다. 이때 자칼의 머리를 가진 저승사자 아비누스가 죽은 자를 데려와 영혼을 이 저울 위에 올립니다. 이처럼 저울에 영혼의 무게를 올리는 도상은 일종의 종교적 클리셰라고도 할 수 있을 겁니다. 선을 행한 사람의 영생을 바라는 종교의 흔하고 공통된 모티브입니다.

멤링의 그림과 오리시스의 저울이 다른 점도 있습니다. 오리시스의 저울은 영혼의 무게를 저울질할 진리의 여신 마아트의 깃털이 기준 추 역할을 하지만, 멤링의 그림은 기준 추가 없고 그저 의인과 악인이 각각 저울에 올라 있다는 점입니다. 기준 추가 없는 무게 달기? 이상하지 않나요! 중세 종교화의 특징을 고려하면 이 의문이 풀립니다. 중세 시대까지 종교화의 목표는 오직 성서의 메시지를 전달하는 데 있었습니다. 이런 이유로 사람들의 표정이나 비율, 논리에는 별 관심이 없었습니다. 멤링의 저울에서 관심은 오직 하나, 의인과 악인의 뚜렷한 대조에 있습니다.

심판의 주인

다시 중앙에 있는 심판주 그리스도에게 주목해 봅시다. 얼굴 좌우편에 무언가 낯선 것이 보입니다. 백합과 불 칼입니다. 요한계시록에 나오는 심판의 상징인데, 백합은 순결과 축복을, 불 칼은 영원한 저주와 멸망을 뜻합니다. 이 둘은 의인과 악인의 운명이 될 천국과 지옥을 상징하는데, 백합과 불 칼이 그리스도의 얼굴 주변에 놓인 것을 통해 그분의 입에서 나오는 말씀으로 최후의 심판이 결정된다는 것을 의미합니다.

백합과 불 칼이 등장하는 식의 최후 심판 묘사는 중세에는 통상적인 표현법에 속합니다. 이런 표현에 담긴 당시 메시지는 확실해요. 종말의 때를 진중하게 생각하면서, '백합을 손에 쥘 수 있는지, 아니면 불 칼을 맞을 것인지 지금 당장 생각해 보라'는 것이지요. 그리고 이 모든 심판의 권한이 왕이신 그리스도에게 달려 있다고 이 제단화는 웅변합니다. 그분은 온 우주를 심판하며, 무엇에도 흔들리지 않고, 모든 것 위에 서 계신 분이라는 종말 사상이 여기 담깁니다.

왕이신 그리스도?

이 정도 되면 누가 뭐라 해도 그리스도는 왕이 분명합니다. 우리가 생각하는 왕은 이 정도 막강한 능력과 권한을 가져야 할 것 같은데, 복음서에서 읽을 수 있는 그리스도의 모습은 차마 왕이라고 말할 수 없을 정도로 비참합니다. 출생부터 시작해서, 젊은 시절 갈릴리 사역도 그렇지만, 빌라도 법정부터 골

268

고다 언덕에 이르는 장면은 우리가 생각하는 그런 왕의 이미지를 철저하게 무너뜨립니다.

이쯤 해서 누가복음 23장을 조용히 묵상할 만합니다. 반항 한 번 하지 못하고 처형당하는 것도 바보스럽게 읽히지만, 이제껏 가르치고, 병 고쳐 주고, 도움을 주었던 사람들이 언제 그랬냐는 듯 비정하게 돌아서서 "십자가에 못 박으라!"라고 소리치는 장면에선 화가 나다 못해 헛웃음이 나올 지경입니다.

'이런 배은망덕한 놈들! 여태껏 해 준 게 얼마나 되는데!'라며 욕지기를 한바탕 해 줘도 시원치 않을 판에, 당사자는 억울하지도 않은지 묵묵히 받아들이기만 합니다. 이런 무력한 사람을 최후의 '심판주', '만유의 왕'이라고 인정하는 신앙 자체가 우리에게 역설입니다. 왕이 아니라 '바보' 예수로 보입니다. 그 바보가 슬피 우는 여인들을 지나 해골산 십자가에 못 박히고, 거기 '유대인의 왕'이라고 써진 패가 높이 달립니다. 군인들이 그 밑에서 조롱하며 이렇게 말합니다. "네가 유대인의 왕이면 너를 구원하라."

나라면 달랐을까요? 우리도 충분히 저런 말을 하고도 남았을 것 같아요. 우리가 원하는 왕은 한스 멤링의 그림처럼 세상 위에 군림하고 호령하는 강력한 군주의 모습입니다. 그렇지 않고는 우리의 눈이 가려져 이런 비천하고 무력한 사람을 왕으로 모시며 따를 수 없습니다. 이것이 우리 현실입니다. 교회 다니는 사람은 모두 자신이 예수를 믿는다고 자부합니다. 그러면서 "나는 저 군중과 다르다"라고, "나는 십자가 예수를 붙잡고 산다"라고 늘 자신 있게 말합니다. 하지만 정말 그런지 아프게 돌아봅니다. 십자가를 지는 예수 대신, 훔치고 강도질하는 예수를 구원자로 알고 환호하며 그 뒤를 따르는 건 아닌지, 그러면서 이걸 신앙이라고 확신하며 사는 건 아닌지 성찰해 볼 일입니다.

'예수는 주님'이라는 말을 입에 달고 살지만, 내가 모시는 왕, '우리의 주님'이라는 실체는 도대체 무엇일까요! 분명한 것은, 성경에서 종말의 때까지 우리가 따라야 할 예수는 바보 예수라고 가르친다는 점입니다. 때가 이르기까지 그리스도는 절대 군주가 아닌 절대 패배자로 우리 앞에 나타날 것입니다. 갑옷 입은 천사를 부리며 천상 위에 군림하는 그런 왕이 아니라, 빌라도 앞에서 모진 모욕을 당하고, 힘에 부친 십자가를 어깨에 짊어지고 제 죽을 자리에 스스로 올라가는 바보 예수, 그렇게 십자가에 무력하게 죽어 가는 그 예수가 우리가 섬길 왕이라고 성경은 설명합니다.

이런 바보 왕 예수를 믿어야 할 이유는 또 무엇일까요?

다시 그림으로 돌아가 봅니다. 이 그림에서 15세기 유럽의 세계관이 보입니다. 그리스도의 얼굴 양편에 그려진 백합과 불 칼을 보고 사람들은 이렇게 고민하기 시작합니다. '어떻게 하면 불 칼을 피하고 백합을 손에 넣을 수 있을까?'

당시 교회는 그에 대한 일종의 해답을 가지고 있었습니다. 무엇을 잡든, 네가 하기에 달려 있다는 거예요. 최후의 심판

때 네 영혼을 저울에 달아볼 터인데, 선을 행하면 천국 가고, 악을 행하면 지옥 가게 될 것이니 각자 알아서 하라는 겁니다. 이런 생각은 아주 오랜 역사가 있는데, 바로 이런 생각에서 로마 가톨릭의 고해성사 제도와 연옥 사상이 생기게 됩니다. 물론 고대 교회 교부 문헌에서도 '연옥' 사상을 찾아볼 수 있지만, 교부들이 언급한 연옥은 장소 개념이 아니라 교인들을 위로하기 위한 사목적 차원이 강했습니다. 하지만 교회가 복음의 가치를 왜곡하여 교인들의 영혼을 위협하며 돈벌이 수단으로 전락시켰을 때 교회는 타락했고, 이는 곧 종교개혁의 도화선이 됩니다. 중세 교회에서 백합과 불 칼은 신자 개인의 윤리와 도덕에 달려 있거나, 심하게는 교회에 돈을 얼마나 내느냐에 달려 있었지만, 개혁자들은 의인과 악인이 구분되는 시금석을 거기서 '그리스도에 대한 믿음'으로 돌려놓습니다.

차별 없는 복음

한스 멤링이 의도했는지 아닌지는 모르겠지만, 이 그림엔 시대를 초월하는 복음, 즉 모든 인류가 그분을 믿어야 할 이유가 살짝 엿보입니다. 그림 오른편 하단에 있는 사람들을 살펴봅시다. 지옥으로 향하는 군중 속에 피부색이 다른 한 사람이 보일 겁니다. 흑인! 그런데 천국으로 가는 반대편에도 검은색 얼굴이 보입니다. 지평선 부근에 있는 이 사람도 흑인입니다. 그림 속 모든 인물이 백인인데, 이렇게 두 사람만 흑인입니다.

이 그림을 그렸던 15세기 말 유럽에서 흑인은 매우 드문 비주류였습니다. 중세만 하더라도 흑인에 대한 인식이 근대보다 나았다고는 하지만, 그래도 소수자이기에 여러모로 불평등이나 불이익을 감수했을 게 틀림없습니다. 그런데 이런 소수자가 천국이든 지옥이든 둘 다 갈 수 있다는 것은 멤링의 이 작품에 숨겨진 중요한 포인트가 될 것 같습니다. 이는 곧 천국과 지옥은 혈통이나 신분으로 결정되지 않는다는 사실을 보여 줍니다.

이는 이미 복음서뿐 아니라 바울서신에서 계속 강조되는 복음의 주제입니다. 바울은 고린도전서에서 할례나 무할례로 의인과 악인을 구별하지 않는다고 확실히 해 둡니다. 확실히, 유대인이라고, 백인이라고, 미국인이라고, 부자라고, 학자라고, 목사라고 천국을 보장받는 것도 아니고, 먼저 들어가는 것도 아닙니다. 이스라엘 국기와 성조기와 태극기를 힘차게 들어 올린다고 천국에서 알아주거나 보너스 포인트가 쌓이지 않습니다. 보이는 세계, 피부색이나 국적, 신분, 또는 우리의 노력은 천국과 지옥의 구분선이 아닙니다. 눈에 보이는 세계의 기준, 우리가 만들고 그어 놓은 울타리가 아니라, 그 기준과 선을 지워 버리는 은혜와 사랑의 법만이 우리를 구원하는 기준입니다.

멤링의 그림은 감동적이고 인상적인 구석이 많습니다. 그중에서도, 저울을 잡은 대천사 미카엘의 표정과 시선은 오랜 여운을 남깁니다. 그의 눈은 저울에 올려진 사람을 보지 않습니다. 오직 십자가 저울의 중심만 응시하며, 십자가 심판이 공정하게 진행되는지에만 관심을 둡니다. 저울 위 악인이 몸부림을 쳐도 흔들림 없이 십자가 중심을 바라보며 평형을 유지합니다. 이 냉정한 모습에서 우리는 공정한 재판관의 자세를 엿보게 됩니다. 하지만 그보다 더 중요한 것은, 최후의 심판이 대천사 미카엘이 아니라 그리스도의 권한 아래 있다는 것을 십자가 저울을 통해 보게 됩니다. 지옥이든 천국이든 십자가 그리스도를 통해서만 결정된다는 것이지요. 누구에게나 열려 있는 천국, 그러나 그리스도의 십자가 복음이 기준이 되는 세계, 그리도 바보 같고 비천한 그리스도를 따르는 이에게 천국이 약속되었다는 것이 이 그림에 숨겨진 복음이 아닐까요.

우리 안의 천국

대 크라나흐, 〈최후의 심판〉

아는 만큼 보인다

우리는 여행을 통해 새로운 세상을 만납니다. "아는 만큼 보인다"라는 말이 있듯이, 우리의 지식과 경험이 넓어질수록 더 많은 것을 발견하고 이해할 수 있죠. 예술 감상도 다르지 않습니다. 단순히 표면적인 아름다움을 넘어, 작품 속에 녹아 있는 역사와 문화, 사상과 철학을 읽어 낼 때 좀 더 풍성한 감상이 가능해집니다. 위대한 예술가들의 작품에는 시대를 초월하는 힘이 있습니다. 그들의 붓끝에서 탄생한 세계는 우리를 과거로 데려가 작가와의 특별한 만남으로 초대하고, 작품 속 작가의 눈으로 그들이 만났던 세계를 보게 합니다. 하지만 거기서 멈추지

대 크라나흐, 〈최후의 심판〉
1525–1530년경, 패널에 유채, 73.3×99.8cm,
캔자스시티 넬슨앳킨스 미술관

않습니다. 대가들의 예술 작품이 지닌 아름다움은 과거에 머물지 않고, 현재를 살아가는 우리 삶과 세상을 다시 돌아보게 합니다.

루카스 크라나흐의 〈최후의 심판〉은 이런 면에서 좋은 사례입니다. 언뜻 보기에 이 그림은 다소 투박해 보입니다. 그러나 이 작품은 16세기 독일을 대표하는 화가 중 한 명인 크라나흐의 걸작으로, 종교개혁자들의 세계관이 깊이 녹아 있는 수작으로 평가됩니다. 동시대 예술가인 한스 멤링이나 미켈란젤로의 〈최후의 심판〉과는 전혀 다른 신학과 세계관이 이 그림에 담겨 있습니다.

크라나흐는 종교개혁 운동을 적극적으로 지원한 인물로도 알려져 있습니다. 그는 개혁자 마르틴 루터와 같은 동네에 살면서 그의 결혼을 중매했고, 심지어 루터 부부 자녀의 대부 역할까지 맡았을 정도로 가까운 사이였습니다. 우리에게 익숙한 16세기 루터의 초상화는 거의 십중팔구 이 사람이 그린 작품들이기도 합니다.

하늘 그리고 만인사제직

다시 그림 이야기로 돌아가지요. 한스 멤링의 작품과 유사한 점이 많아 보입니다. 하늘과 땅을 나눈 구도, 날아다니는 천사들, 빛을 밟고 올라서 계시는 예수님, 예수님 얼굴 양옆에 놓인 백합과 불 칼, 예수님 주위로 펼쳐진 무지개, 양옆에 앉아 기도하는 마리아와 세례 요한, 주위를 둘러싼 사람들 등이 그렇습니다.

그런데 자세히 보면, 차이점도 보입니다. 예를 들어 멤링의 그림에서는 무지개가 땅과 하늘을 이어 주는 반면, 이 그림에서는 그냥 하늘에 덜렁 놓여 있습니다. 게다가 멤링의 그림에서는 무지개 끝에 마리아와 요한이 걸려 있어서 하늘과 땅을 잇는 중보자로 등장했지만, 여기서는 전혀 다른 성격으로 등장합니다. 마리아와 요셉 뒤에 있는 사람들을 잘 보세요. 한스 멤링의 그림에서는 정확히 열두 명이었는데, 이 그림에서는 어림잡아 열두 명은 족히 넘습니다. 열두 명은 사도를 뜻하지요. 권위의 최고 상징이자 성직자 그룹의 권위를 나타낼 때 천상의 열두 사도를 그려 넣곤 합니다. 그런데 크라나흐의 그림은 열두 명이 아닙니다.

자세히 들여다보면, 더 특이한 점도 발견할 수 있습니다. 요셉 뒤엔 모두 남자, 마리아 뒤엔 모두 여자입니다. 이전과 비교하면, 열둘이라는 숫자가 파괴됩니다. 그리고 남자만 있던 자리에 여자들이 등장합니다. 그것도 천상의 자리, 사도급으로 그려집니다. 여기서 세례 요한과 마리아는 하늘과 땅을 중보하는 위대한 성인이 아니라 세례받은 남성과 여성 신자들의 상징으로 묘사됩니다. 이게 무슨 뜻일까요? 종교개혁자가 성경에서 발견한 복음이 여기 담겨 있는 것이지요. 남자나 여자 할 것 없이 세례받은 모든 사람은 왕이요, 제사장이요, 성직자라는 겁니다. 이걸 우리는 '만인사제직'이라고 부릅니다.

이 그림을 그린 시기가 1525년 직후라는 게 꽤 재미있습니다. 이 해에 루터는 크라나흐의 중매로 결혼하고 곧 아이를 낳습니다. 크라나흐가 옆집에 살면서 하루가 멀다 하고 루터 가족과 만나 많은 대화를 나누던 시기입니다.

무슨 이야기를 나눴을까요? 별별 이야기를 다 했겠지요. 그런데 그중에서도 인상적인 점은 크라나흐가 이 만남과 대화를 통해 복음의 세계를 엿봤다는 겁니다. 그것이 바로 이 그림에 담겨 있는 것이지요. 남자나 여자나 차별 없는 세계. 게다가 여자들의 모습을 잘 보시면, 귀족부터 종에 이르기까지 다양한 복장의 여성이 천상의 자리에 함께한 것을 보게 됩니다.

부와 계급, 차별과 구별의 담이 허물어진 세상이 여기 담겨 있습니다. 이 그림은 정확히 반세기 전 멤링이 그린 천상의 세계와 완전히 다른 세계입니다. 프로테스탄트라고 부르는 개신교회 교인들이 추구하는 세상이 바로 이런 세상이지요. 모두가 평등하고 차별과 구분 없이 존중받는 세상, 정상과 비정상으로 구분되지 않고, 살아 있다는 것 자체만으로 귀하게 존중받는 세상, 이것이 우리가 기도하는 하나님 나라입니다.

278

땅 그리고 저주

　　다시 그림으로 돌아갑시다. 멤링의 그림과 매우 다른 점이 하나 보입니다. 뭘까요? 한번 찾아보세요. 심판을 실행하던 멋진 천사 미카엘이 보이지 않습니다. 또 하나! 멤링의 그림에선 정확하게 왼편과 오른편이 천국과 지옥으로 나뉘어 있었지요. 그런데 크라나흐의 그림은 하늘 아래 거의 대부분을 지옥 같은 땅으로 묘사합니다. 더 특이한 것은 멤링의 그림에 있던 무덤이 보이지 않는다는 점입니다. 멤링의 그림에선 최후의 심판 때 죽은 자들이 무덤에서 살아나 저울 위로 올라가는 것으로 묘사되지만, 이제는 무덤도 미카엘도 저울도 보이지 않습니다.

　　왜 그럴까요? 지금 우리가 사는 세상이 바로 이런 생지옥이기 때문에 이렇게 표현한 건 아닐까 생각해 봅니다. 실제로 그렇게 추측할 수 있는 것은 이 그림이 분명히 루터의 종말론을 담고 있기 때문인데, 개혁자가 성경에서 이해했던 종말은 미래 어떤 시점에 도달할 종말이라기보다, 지금 이 순간, 우리가 살아가는 이 현장이 바로 종말의 장소라는 사상이 강합니다.

　　루터는 우리의 세계를 내 뜻과 의지대로 움직일 수 있는 곳이 아니라 의지의 노예로 끌려다닐 수밖에 없는 세상으로 표현합니다. 크라나흐의 그림도 정확히 그래요. 마귀 등에 업힌 여인, 마귀에게 목마 탄 남자, 마귀에게 끌려가는 사람들 천지입니다. 잘 찾아보면, 지금 자기가 마귀에게 끌려가는지조차 모르는 사람도 보입니다. 그림 하단에 스머프처럼 빨간 모자를 쓰고 수레에 앉아 손에 뭔가 들고 있는 사람이 보입니다. 손에 든 건 맥주잔인데, 거기서 검은 연기가 나옵니다. 쾌락과 욕망의 삶이 연기처럼 덧없음을 뜻합니다. 이 사람은 앞에서 수레를 끌어 주는 종도 있습니다. 그런데 잘 보면, 그 종 앞을 보세요. 지옥 입구의 악마가 손을 잡아당깁니다. 부자가 탄 수레 뒤에선 악마가 수레를 밀고 있습니다. 이 사람은 이 사실을 까맣게 모르고 연기가 피어오르는 술잔을 들고 살아갑니다. 수레에 앉아 편하게 노닥거리지만, 그 수레가 어디로 향하는지 그는 전혀 알지 못합니다. 사실 우리 모습이 이렇지 않나요?

좀 더 살펴봅시다. 땅에 있는 사람들을 자세히 보면 모두 하나같이 벌거벗었습니다. 그런데 특이한 옷을 입은 한 사람이 보입니다. 그림 오른쪽에 활을 들고 서 있는 사람이 보이시나요. 갑옷에 머리까지 보호 장구를 착용하고 있습니다. 이 사람의 정체는 무엇일까요? 기사입니다. 중세 기사들은 세상을 보호하고 명예를 위해 살겠다고 맹세한 사람이지요. 전쟁 나면 언제나 앞장서던 용맹한 사람입니다. 그런데 이 기사가 무장하고 서 있는 위치를 잘 보세요. 그 밑은 지옥의 끝없는 구덩이입니다. 무슨 뜻일까요? 우리 생각에 기사 정도 되면, 힘도 있고, 의지도 분명하고, 능력도 있다고 판단됩니다. 그러나 궁극적으로 종말의 시간이 오면 그런 것이 모두 아무 소용 없음을 이 그림이 보여 줍니다.

능력, 지식, 경험, 선한 행위? 그런 것으로 영원한 안식을 보장받을 수 없다는 것입니다. 이 그림은 미래 세계가 아니라 암울한 당시 세계상을 그려 놓은 것입니다. 크라나흐가 살던 16세기 독일은 성전이 무너져 내린 1세기 예루살렘 같은 혼돈의 세계, 황제와 공직자, 교회가 무너져 내린 패악한 세대, 큰 도둑들이 창궐하는 혼돈의 시대, 희망이 보이지 않는 그런 시대입니다. 매우 암울한 세상이지요. 그런데 이 그림은 여기서 끝나지 않습니다.

땅에 임하는 하나님 나라

그림에서 왼쪽 작은 구석에 구름으로 가려진 세상이 보입니다. 이 장면을 멤링의 그림과 비교해 볼 만합니다. 크라나흐와 멤링의 제단화 왼편은 모두 천국으로 들어가는 사람들을 묘사합니다. 그런데 멤링의 그림을 보면 천국 문 앞에서부터 수정 계단까지 줄지은 사람들이 계급에 따라 서 있는 게 분명하게 보입니다. 천국 문 입구엔 삼중관을 쓴 교황, 그 뒤를 따라 붉은 제의, 보라색 제의, 검은 제의, 그리고 벌거벗은 사람들 순으로 등장합니다. 즉, 천국 입성은 교황과 성인들, 추기경, 주교, 일반 사제와 수도사, 그다음 차례가 일반 신자들인 것이지요. 멤링이 살던 중세 교회의 한계가 여기서 드러납니다. 이에 비해 크라나흐가 그려 낸 천국엔 모든 사람의 차림새가 동일합니다. 종교개혁자들이 외친 만인사제직이 여기서도 빛을 발합니다.

이 그림이 보여 주는 한 가지 특징을 더 언급하자면, 우리 눈에 보이지 않는 세상, 그러나 땅에 숨겨진 하늘나라, 숨겨진 천국이 지금 여기 이곳에 있다는 것입니다. 종말은 시간의 끝에 임하는 것이 아니라, 바로 지금 우리 일상 가운데 있고, 종말의 일상이 곧 하늘 뜻이 이루어지는 하나님 나라의 구체적인 장소가 된다는 것을 크라나흐의 그림이 보여 줍니다.

한편으로, 우리가 사는 세상은 희망도 없고 혼란스럽기 그지없습니다. 그러나 성경은 이런 세상 한가운데 천국이 숨어 있다고 가르칩니다. 이 발견은 종교개혁의 매우 중요한 사상이기도 합니다. 초대교회 교부 오리게네스의 마태복음 강해 한 단락을 읽어 드립니다.

복음을 따라 사는 사람들은 종말의 때가 언제인지 알려고 하지 않습니다. 생기 넘치는 시절이든 가장 암울한 시절이든, 또는 수탉이 우는 완숙한 때든, 노년의 주름이 깊숙이 들어선 때든 끊임없이 깨어 있는 것이 중요합니다. 그러나 저는 또 다른 종류의 종말을 말해야겠습니다. 이는 곧 사도 바울이 가르쳐 준 종말입니다. 사도는 이렇게 말합니다. "내게는 우리 주 예수 그리스도의 십자가밖에는 자랑할 것이 아무것도 없습니다. 그리스도로 말미암아 내 쪽에서 보면 세상이 죽었고 세상 쪽에서 보면 내가 죽었습니다"(갈 6:14, 새번역). 이렇게 말할 수 있는 사람이야말로 참으로 의로운 사람입니다. 이것이 의인들이 기다리는 종말입니다. 어떤 면에서, 십자가에 못 박힌 세상에는 이미 종말이 왔습니다. 그리고 세상에 대해 죽은 사람에게도 이미 주님의 날은 왔습니다. 왜냐하면 그리스도의 십자가 안에서 세상을 위해 살지 않는 사람들에게 사람의 아들인 그리스도가 (보이는 세계 안에, 보이지 않는 모습으로) 오시기 때문입니다.[9]

멤링과 크라나흐의 〈최후의 심판〉을 다시 펼쳐보고 곰곰이 생각해 봅시다. 나에게 종말은 어떤 것일까요? 종말의 때에 나는 그리스도 앞에서 어떤 인물로 판명 날까요?

성경, 그림 한 장에 담기

대 크라나흐, 〈율법과 은총〉

독특한 그림입니다. 그림 한 장에 성경 전체 사건과 메시지를 담는다면 이런 모습이 아닐까요? 교회 좀 다녀 본 사람이면 누구라도 이 그림을 성경과 연결해서 설명할 수 있을 것 같습니다. 교회학교 아이들에게 설명을 맡겨도 훌륭한 교육 교재가 될 겁니다.

루카스 크라나흐

이 그림은 알브레히트 뒤러, 한스 홀바인과 더불어 16세기 독일의 3대 화가로 알려진 루카스 크라나흐Lucas Cranach der

대 크라나흐, 〈율법과 은총〉

1529년, 라임우드에 템페라, 82.2×118cm, 고타 공작 박물관

소 크라나흐, 〈크라나흐 초상화〉
1550년, 패널에 유채, 64×49cm, 우피치 미술관

Ältere(1472-1553)의 작품 〈율법과 은총〉입니다. 크라나흐의 아들도 아버지를 이어 화가가 되었는데, 이름도 같아서 보통 아버지는 대大 크라나흐, 아들은 소小 크라나흐라고 부르곤 합니다. 1529년 제작된 이 작품은 대 크라나흐의 것입니다. 제목대로 그림은 정확히 두 부분으로 구분되고, 내용도 '율법과 은총'에 썩 잘 어울립니다. 가로 118센티미터, 세로 82.2센티미터로 크기가 꽤 큰 그림이지만, 이 작품이 처음 나온 이래로 조금씩 변형된 모습과 크기로 수십 종이 보급됩니다. 가장 유명한 건, 종교개혁 도시 비텐베르크 루터 하우스에 전시된 그림일 겁니다. 1550년 제작된 그 작품은 지금 소개할 1529년 작품과 이름은 같지만, 두 손바닥을 합쳐 놓은 크기만큼 매우 작습니다. 하지만 둘 다 내용은 거의 차이가 없습니다.

한국인들에게는 크라나흐라는 이름이 생소할지 몰라도, 그의 작품 중 하나인 루터의 초상화는 우리가 흔히 알고 있는 그림일 가능성이 높습니다. 그는 비텐베르크에서 화방을 운영하며 다수의 제자를 양성하였고, 그의 영향력은 화방을 넘어 약국 운영과 시장市場까지 이르렀습니다. 특히 그는 루터와 매우 가까운 사이로 알려져 있습니다. 루터의 부인 카타리나 폰 보라가 수녀원을 탈출하여 종교개혁의 중심지인 비텐베르크에 도착했을 때, 그녀가 처음으로 일한 곳이 바로 크라나흐가 운영하던 약국이었습니다. 이러한 인연이 결국 루터와의 결혼으로 이어졌고, 루터와 크라나흐의 자녀들이 세례를 받을 때마다 서로

대 크라나흐, 〈율법과 은총〉
1550년, 패널화, 19×25.5cm, 루터 하우스

대 크라나흐, 〈율법과 은총〉

1536년, 패널에 물감, 금, 종이, 64.8×120.6cm, 개인 소장

대 크라나흐, 〈루터의 초상화〉
1528년, 패널에 유채, 39.5×25.5cm, 우피치 미술관

가 대부 역할을 맡아 주었다는 사실은 그들의 아름다운 관계를
보여 줍니다.

　　종교개혁 역사에서 크라나흐 부자父子의 역할은 중요합
니다. 그들은 루터가 책을 출판할 때마다 그의 생각을 그림과
판화로 표현하여 민중이 쉽게 이해할 수 있도록 도왔습니다. 그
중에서도 1534년에 출판된 루터의 독일어 신구약 성서가 대표
적인 예입니다. 크라나흐 부자는 루터가 번역한 성경 본문을 꼼
꼼히 검토하여 123장의 채색 삽화를 그려 성경에 첨부하였고,
이 삽화들은 성경 메시지를 쉽게 이해할 수 있도록 도와주는 역
할을 하였습니다. 이러한 그림들이 한국에도 소개되어 성경 공
부 교재로 활용된다면 매우 유익할 것입니다. 또한 크라나흐 부
자는 루터의 저작물이 출판될 때마다 대부분의 표지와 삽화를
판화로 제작하였습니다. 이들은 루터의 의견을 세심하게 듣고
반영하여 그림을 통해 루터가 이해한 성경의 복음과 그가 추구
하던 종교개혁 사상을 효과적으로 전달하였습니다. 여기서 소
개하는 그림도 그런 작품 중 하나입니다.

율법과 은총

　　원래 이 그림의 독일어 제목은 "저주와 구원Verdammnis
und Erlösung"입니다. 하지만 '율법과 은총' 또는 '율법과 복음'이

라는 표제로 더 유명합니다. 알고 보면 둘 다 같은 말이니 시비 걸 필요는 없습니다. 이 작품이 만들어진 1529년은 루터가 〈대교리문답〉과 〈소교리문답〉을 출간해서 제대로 교육받지 못한 목사들과 성경을 모르는 일반 신자들을 위해 교육에 힘을 쏟던 특별한 시기라서 이 그림도 평신도 성서 교육을 위해 만들어졌을 겁니다.

자, 이제 그림을 봅시다. 나무 한 그루를 중심으로 그림이 두 폭으로 나뉩니다. 예상하듯, 율법과 복음, 또는 신약과 구약으로 구분됩니다. 왼편부터 봅시다. 창세기 3장에 나오는 선악과 사건이 보입니다. 이는 인간의 범죄를 상징하는데, 그 운명이 바로 밑에 그려집니다. 마귀와 한패가 된 해골이 창을 들고 왼편 구석, 불이 치솟는 지옥으로 사람을 몰고 갑니다. 성경은 원죄로 인한 인간의 운명을 죽음이라고 가르칩니다. 마귀 옆 살아 있는 해골은 유혹에 약한 인간의 육신을 가리킵니다. 둘이 어깨동무를 한 모습으로 보아 뿔 달린 마귀와 육신은 절친한 관계로 묘사됩니다. 마귀의 배를 잘 보면, 그 안에 고철 덩어리가 보입니다. 모두 마귀가 사람을 유혹할 때 사용하는 도구들입니다. 돈과 물질의 신인 맘몬을 상징하기도 합니다. 로마서 1장 21절은 범죄한 자연인은 생각이 허망해지고 마음이 미련해진 상태라서 그 운명은 죽음을 향해 달려가게끔 되어 있다고 경고합니다.

이런 인간에게 어떤 탈출구가 있을까요? 벌거벗은 사람

이 도망치는 오른편, 울창한 나무 앞에는 사람들이 십계명을 들고 서 있습니다. 십계명은 인간이 지켜야 할 하나님의 율법이지만, 성경에 따르면 이를 완벽하게 이행할 능력이 인간에게는 없습니다. 그렇다면 이 율법이 있음에도 인간의 최후는 여전히 지옥입니다. 십계명은 오히려 인간의 죄를 더욱 선명하게 드러내는 역할을 합니다. 흥미로운 점은, 돌판을 들고 있는 이 사람들 이야기입니다. 이들의 복장은 모두 16세기 루터가 살던 시대의 복식입니다. 빨간 망토를 입은 사람은 제후, 돌판을 들고 있는 사람은 제후의 명령을 전하는 서기관, 그 뒤에 서 있는 두 사람은 모두 관료입니다. 즉, 십계명을 들고 있는 이들은 모두 공권력을 상징합니다. 루터 신학에 '두 통치론'(또는 '두 왕국론')이라는 개념이 있습니다. 하나님은 오른손에 복음을 들고 교회를 통해 영적인 통치를 수행하시고, 왼손에는 칼을 들고 국가 공권력을 통해 악을 차단하며 세계 질서를 바로잡으신다고 설명합니다. 십계명을 든 관료들을 통해 이런 루터의 사상이 표현됩니다.

이제 중앙에 있는 텐트촌을 살펴봅시다. 이는 민수기 21장에 나오는 불뱀 사건을 묘사한 것입니다. 광야에서 백성이 불뱀에 물려 죽게 되었을 때, 모세가 만든 놋뱀을 바라보면 살고 그 말을 믿지 않는 사람은 죽게 됩니다. 이 사건은 전통적으로 그리스도를 예언하는 사건으로 해석됩니다. 그 옆에 하늘을 보면, 한스 멤링의 〈최후의 심판〉에 나타나는 것처럼, 이 형상은 중세에 매우 흔한 최후 심판의 전형입니다. 이는 요한계시록과 마태복음 25장 31절에 묘사된 종말의 모습입니다. 여기서 핵심은 예수님의 얼굴 양편에 있는 백합과 불 칼입니다. 성경에 명확한 표현은 없지만, 일반적으로 예수의 얼굴 옆에 있는 백합은 영원한 구원을, 불 칼은 영원한 형벌을 의미합니다. 중세에 이 도상이 흔했던 이유는, 백합을 손에 쥐든 불 칼을 맞아 죽든 그건 모두 '자기 하기 나름'이라고 가르치던 교회의 공로 신학 때문입니다. 결국, 왼편 그림이 전하는 주제는 '인간은 죄인이고, 죄인은 심판을 받아 죽을 운명'이라는 것입니다. 그리고 그 기준은 율법입니다.

　　이제 오른편(은총)으로 가 봅시다. 희미하지만, 화폭 중앙에 나무 옆 창공에서 잔디밭 사람들에게 가느다란 빛이 내려오는 모습이 보일 것입니다. 그 빛 가운데, 새처럼 보이는 천사가 펼쳐진 두루마리를 들고 땅으로 내려옵니다. 천사가 전하는 소식은 아기 예수의 탄생입니다. 이 장면은 목자들이 그 소식을 듣게 된다는 성탄 기사를 묘사한 것인데, 밤이 아니라 낮이라는 점이 특이합니다. 그 이유는 사람마다 다르게 해석할 수 있을 것입니다. 당신이라면 그 이유를 어떻게 설명할 수 있을까요?

　　조금 앞으로 나와 봅시다. 여기도 왼편과 같이 벌거벗은 사람이 보입니다. 이 사람 앞에서 십자가를 가리키는 사람은 세례 요한입니다. 요한의 손가락을 자세히 보면, 검지와 중지를 합쳐서 십자가 예수를 가리키고 있습니다. 이런 특별한 형태의 손 모양은 '참 신이요 참 인간 예수 그리스도'라는 의미를 담은 특별한 도상입니다. 무덤 위에 승천한 예수의 손 모양도 같습니다. 그리고 그 예수가 가리키는 곳은 구약의 심판주로 환원됩니다. 다시 말해 그리스도 예수가 최종 심판주라는 의미를 이렇게 묘사합니다.

　　세례 요한이 가리키는 곳을 봅시다. 예수가 십자가에 달려 있고, 십자가 상단 명패에는 'INRI'라는 죄목이 적혀 있습니다. 이는 라틴어*Iesus Nazarenus Rex Iudaeorum*의 앞 글자만 딴 두문자頭文字로, 요한복음 19장 19-20절에 인용된 '나사렛 예수, 유대인의 왕'이라는 뜻입니다. 십자가 뒤쪽으로 무덤이 열려 있는데 관은 비어 있습니다. 십자가 아래 어린양이 죽음의 세력인 용과 해골을 밟고 있는데, 세례 요한은 저 그림 전체에서 유독 십자가에 죽은 예수를 가리킵니다. 승천한 기적의 예수가 아니라 말입니다. 그러고는 벌거벗은 인간에게 십자가 예수가 구원자라고 가르칩니다. 사실 이해하기 힘든 내용이지요. 이쯤에서 십자가에 달린 예수의 옆구리를 주목해 봅시다. 거기서 붉은 피가 쏟아져 나와 요한을 통과하고 벌거벗은 사람 머리까지 도달합니다. 그리고 그 중간에 성령을 상징하는 백색 비둘기가 보입니다. 여기서 성령은 우리의 지식과 경험을 뛰어넘어 구원의 신비를 깨닫게 하는 보혜사의 역할을 합니다.

복음

그림 제목을 놓고 한 번 더 생각해 봅시다. '율법과 은총
(혜)', 교회에서 귀가 따갑도록 듣는 말인데, 율법은 무엇이고 은
총은 무엇일까요? 여러 설명이 가능하겠지만 루터의 말을 따르
자면, '율법은 사람이 반드시 해야 할 일'이고, 은총은 '하나님만
이 하실 수 있는 일'입니다. 사람이 하는 일로 구원을 만들어 낼
수 없습니다. 구원은 오직 하나님만이 베풀어 주시는 하나님의
일이고, 죄인을 위한 하나님의 선물입니다. 그래서 은총을 값없
이 주어진 선물이라고도 하지요. 그래서 우리는 이를 '기쁜 소
식', 곧 '복음'이라고 부릅니다.

크라나흐의 그림을 둘로 나누는 중앙의 큰 나무를 한 번
더 주목해 봅시다. 나무 중간에 크라나흐 작품의 개인 표식이
새겨져 있는데, 그보다 중요한 건, 양편 나뭇가지의 상태입니
다. 왼편은 잎이 없고, 오른편은 성성합니다. 크라나흐는 율법
과 복음의 성격을 이런 식으로 풀이합니다.

이 그림을 보면서 교회가 가르치는 율법과 복음을 생각
해 봅니다. 율법과 복음은 모두 하나님 말씀이니 이 둘은 언제
나 동전의 양면처럼 붙어 있습니다. 그러니 복음 없는 율법, 율
법 없는 복음은 언제나 교회와 신자를 극단으로 치우치게 만듭
니다. 지금 우리 교회는 어떤가요? 율법과 복음이 잘 균형 잡혀
있나요?

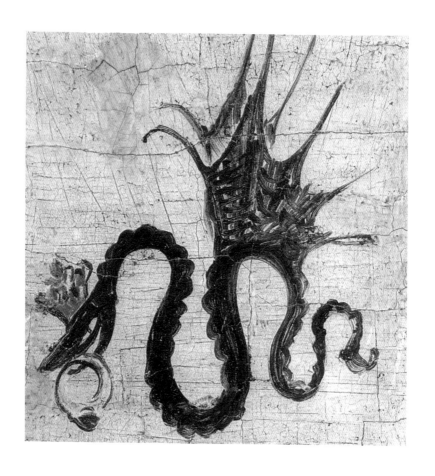

크라나흐의 개인 표식(1514년)

지복의 삶

크라나흐 부자, 〈바이마르 제단화〉

이 그림은 루카스 크라나흐(대 크라나흐)가 시작해서 아들 소 크라나흐가 1555년에 완성한 세 폭 제단화입니다. 일명 '바이마르 제단화'라고 불립니다. 좌우 편엔 이 그림을 의뢰한 작센의 선제후 요한 프리드리히의 가족이 무릎을 꿇고 십자가를 향해 기도하는 모습이 담겨 있습니다. 의뢰자 가족의 안위와 통치령의 부강을 기원하는 전형적인 세 폭 제단화입니다.

크라나흐 부자, 〈바이마르 제단화〉
1555년, 라임우드 유화, 370×309cm,
바이마르 '베드로와 바울' 루터교회

중앙화

　　함께 감상할 내용은 중앙화입니다. 마치 숨은그림찾기처럼, 성경에 나온 여러 사건을 여기저기서 찾을 수 있습니다. 예를 들어, 십자가 왼편에 어떤 사람이 벌거벗은 채 해골과 악마에게 쫓기고 있는데, 그대로 직진하면 돌산 바위틈에서 치솟는 불구덩이로 들어가게 될 것 같습니다. 창세기를 비롯하여 성경 전체에 담긴 원죄와 죄인의 운명을 묘사한 것이지요. 그 반대편엔 십계명을 든 사람과 함께 있는 무리가 보입니다. 조금 더 오른편으로 가면 천막이 보이고 맨 앞 장대에 뱀이 걸려 있습니다. 민수기 21장에 나오는 불뱀 사건이지요. 오른편 하늘엔 구름 사이로 천사가 보이고 그 밑엔 양과 목자들이 있어요. 예수님의 탄생 기사가 이렇게 담깁니다. 여기까지는 앞서 설명한 크라나흐의 〈율법과 은총〉과 거의 같은 내용입니다. 글을 모르는 일반인에게 성경을 교육했던 내용이 어느 정도 자리 잡았다는 방증일 겁니다.

　　바이마르 제단화가 독특한 부분은 이제부터입니다. 앞쪽으로 오면 십자가에 달린 예수님이 중앙에 있고, 오른편에 세 사람이 보입니다. 손을 들고 십자가 예수를 가리키는 사람은 세례 요한, 멋진 흰 수염을 기르고 기도 손을 한 인물은 이 그림을 그리기 시작한 작가 루카스 크라나흐, 그 옆에 성경을 펼친 인물이 종교개혁자 마르틴 루터입니다. 그의 손이 성경을 가리키고 시선은 십자가를 향한 건, 성경의 모든 말씀이 십자가에 달리신 그리스도를 가리킨다는 뜻입니다. 그리스도 교회의 핵심 가르침이지요. 왼편에 투명한 십자가 깃발로 마귀를 제압하는 이는 부활하신 그리스도입니다. 그분이 '투명한 창'을 들고 서 있습니다. 왜 하필 투명한 창일까요? 성경을 한 구절 찾아보도록 하지요. 로마서 8장 1-2절입니다. "그러므로 이제 그리스도 예수 안에 있는 자에게는 결코 정죄함이 없나니 이는 그리스도 예수 안에 있는 생명의 성령의 법이 죄와 사망의 법에서 너를 해방하였음이라."

그리스도가 이 땅을 통치하는 방식은 칼과 창이 아니라, 생명의 성령의 법입니다. 그 때문에 하나님은 이 세상을 칼과 창이라는 무력으로 통치하지 않고, '소스라치게 놀라는 양심'을 통해 당신의 나라를 이루어 가십니다. 이게 무슨 말일까요? 하나님은 능히 무력이나 기적이나 신비를 통해 이 땅을 통치하고 지배하실 수 있습니다. 하지만 그분은 그런 방법이 아니라 '또렷한 정신을 가진 사람' 속에 있는 '양심'을 소스라치게 놀라게 만들어 움직이게 만드십니다. 그것을 우리는 성령의 역사라고 부르고, 그 시간을 깨달음, 또는 회심의 시간이라고 부릅니다.

이렇게 또렷한 정신으로 서 있는 사람을 만나 주시기 때문에 기독교는 입신이나 혼미한 상태, 황홀경 같은 신적 체험을 최고로 여기는 종교와 확연히 구별됩니다. 물론 우리도 그런 방식으로 하나님을 만날 수 있습니다. 하지만 그런 신비경험이 체험자를 속일 수도 있습니다. 그 때문에 개혁자들은 그리스도의 말씀을 또렷한 정신으로 만나는 걸 중요하게 가르칩니다. 그렇게 만나는 하나님을 그리스도인들은 '인격적 하나님'이라고 부르기도 합니다. 그분이 인격적으로 우리를 대하시기 때문에 혼미한 정신이 될 필요가 없다는 것이지요. 그렇게 오시는 하나님은 언제나 말씀을 통해 양심을 움직이는 방법으로 우리 일상을 하나님 나라로 만들어 가십니다. 죽음의 세계에 내려가신 주님이 죄와 사망을 제압할 때 투명한 창을 사용하시는 이유가 여기 있습니다. 눈에 보이는 칼과 창이 아닙니다. 우리 심령과 양심에 충격을 주고, 냉랭한 가슴을 데우는 성령의 말씀이 투명한 창으로 묘사됩니다. 그 말씀이 죽음의 세력을 제압합니다.

아버지와 아들

    이 그림에서 특이한 점은 그림을 감상하는 사람과 시선이 마주치는 두 인물이 있다는 사실입니다. 우선, 마귀를 제압하고 있는 부활하신 그리스도가 눈을 마주치며 무언가를 묻는 것 같습니다. 그 질문이 무엇인지는 보는 사람마다 다를 것입니다. 또 하나의 시선이 있어요. 누구인가요? 기도 손을 한 루카스 크라나흐입니다. 그는 종교개혁 시대에 루터와 함께 수많은 시련과 위험을 넘어선 인물입니다. 그가 이 그림을 그리기 시작할 때부터 그의 얼굴이 여기 들어가 있는지는 확실하지 않습니다. 부유한 권력자의 의뢰로 제작하는 그림에 자기 얼굴을 큼지막하게 박아 넣는다는 게 가능할까 싶습니다. 물론 가능성이 아예 없지는 않습니다. 선제후와 워낙 각별한 사이였으니 처음부터 의뢰인이 넣어 달라고 했을 수도 있습니다. 여하튼 이 작품은 크라나흐가 살아 있을 때 완성된 게 아니라, 그의 아들이 마지막 붓질을 했다는 게 더 중요합니다. 아버지가 운명하고(1553) 난 후 아들이 아버지가 시작한 화폭에 아버지의 얼굴을 그리면서 어떤 마음이었을까요. 만일 아들이 의도적으로 아버지 그림을 그려 넣었다면, 그 이유가 무엇일까요?

그 비밀은 예수님의 옆구리에서 흘러나오는 피가 어디 머무는지 보면 추측할 수 있을 겁니다. 그 피가 크라나흐의 정수리에 정확히 떨어집니다. 무슨 뜻인가요? 아들은 아버지의 인생을 보면서, 그리스도의 뜻을 따라 산 인물, 가장 복된 인생을 살았던 분이 자신의 아버지라는 것을 이렇게 그려 놓았던 게 아닐까 싶습니다. 그렇게 아버지를 그린 다음, 아들은 아버지의 시선을 감상자에게 돌려놓습니다. 그러고는 이 그림을 보는 이들에게 가장 복된 삶, 완벽하게 행복한 삶이 여기 있다고 보여 줍니다. 그리고 우리는 이제 크라나흐의 눈을 통해 가장 복된 삶을 내다봅니다.

왼편의 그리스도는 그렇게 십자가 앞에서 양심의 충격을 받는 사람, 십자가의 말씀을 붙잡고 기도하는 이에게 소망을 줍니다. 어떻게요? 바로 당신을 사로잡고 있는 모든 죽음의 권세를 그리스도 예수께서 성령의 능력으로 제압하고 그를 도우시겠다는 말씀의 위로를 통해서 말입니다. 십자가의 그리스도는 바로 이렇게 당신과 항상 함께하실 것입니다.

3

교회와 세상

이것이 교회다

비텐베르크 종교개혁 제단화

독일 비텐베르크에 가 보셨나요? 종교개혁 500주년이 되던 2017년, 세계에서 가장 인기 있는 핫 플레이스가 바로 이 도시였습니다. 동서로 뻗은 길을 20분 만에 도보로 횡단할 수 있는 작은 마을이라서 '시'라는 명칭조차 낯선 곳입니다. 그럼에도 그리도 유명한 건 순전히 16세기 종교개혁자 마르틴 루터(1483-1546) 덕입니다. 이 도시엔 종교개혁 운동을 상징하는 교회가 두 군데 있습니다. 그중 하나가 〈95개 면죄부 반박문〉을 게시한 장소로 알려진 궁성교회Schlosskirche입니다. 교회 안에 루터의 묘가 자리 잡고 있어 탐방객에게 가장 인기 있는 장소입니다. 하지만 종교개혁의 역사와 그 전개 과정을 깊이 이해하려면, 성채교회보다 비텐베르크 시청 광장 옆에 있는 비텐베르크

크라나흐 부자,〈비텐베르크 종교개혁 제단화〉
1547-1548년, 패널에 유채, 103.5×233cm, 비텐베르크시 교회

시 교회Stadtkirche St. Marien in Wittenberg를 주목해야 합니다. 이곳은 '종교개혁의 어머니Mutter der Reformation'로 이름할 만큼 가치 있는 장소입니다. 루터가 약 2천 편의 설교를 한 교회, 종교개혁 사상에 따라 회중에게 떡과 잔을 나누던 양형 성찬[10]의 교회, 라틴어가 아닌 독일어 회중 찬송인 코랄이 만들어지고 불린 곳이 이 교회입니다. 이 교회가 아니었다면 예배 시간에 회중이 찬송하는 일은 상상하지도 못했을 겁니다. 그러니 이 교회는 개신교 찬송의 요람이자 독일어 예배가 처음 시작된 교회라고 할 수 있습니다. 그뿐 아니라 이 교회는 개신교 최초의 청빙 목사인 요하네스 부겐하겐Johannes Bugenhagen이 청빙되어 목회한 장소요, 독일 사회복지 체계의 모체인 '공동 금고'가 시작된 곳이기도 합니다. 그러나 무엇보다도 이 교회를 방문해야 하는 이유는 따로 있는데, 교회당 안에 있는 제단화, 일명 '종교개혁 제단화 Reformationsaltar'라고 불리는 네 폭 제단화가 바로 그것입니다. 여기에 개신교가 탄생한 신앙고백적 역사와 종교개혁이 지향하는 교회론이 압축되어 있습니다. 그러니 이 네 폭 제단화는 단순한 그림이 아니라, 종교개혁의 핵심 사상을 시각적으로 구현했다고 할 수 있습니다.

먼저 비텐베르크 제단화의 아픈 역사를 살펴보겠습니다. 1546년에 루터가 죽자마자 개신교 진영은 큰 위기를 맞게 됩니다. 열렬한 로마교회의 추종자였던 황제 카를 5세가 세력을 확장하면서 정신적 지주가 사라진 개신교 지역을 소탕하려고 작정했기 때문입니다. 이런 움직임을 포착한 개신교 연합군은 황제에 대항하기 위해 엘베강 유역 뮐베르크에 모여 일전을 준비하게 됩니다. 개신교 영주들이 한데 모여 예배를 드리던 틈을 타서 습격했고, 결국 작센의 선제후 요한 프리드리히 용맹공 Kurfürst Johann Friedrich der Großmütige(1503-1554)이 포로로 잡히고 사형 판결에 직면하게 되는 초유의 사태가 벌어집니다. 선제후 요한 프리드리히는 가까스로 즉결 처형은 면했으나, 그 대가로 황제 선출권을 잃고 영토마저 크게 축소되는 중대한 타격을 입었습니다. 정신적 지주인 루터는 이미 사망했고, 개신교 진영의 군사-정치적 방어막이었던 작센 선제후마저 포로로 잡히자 개신교회의 리더십은 상당한 타격을 입습니다. 뮐베르크에서 승기를 잡은 황제가 여세를 몰아 개신교 심장부인 비텐베르크로 진군하자 공포에 질린 시민들은 앞다투어 떠나기 시작했고 그로 인해 비텐베르크는 공동화 현상이 일어날 지경이 되어 버립니다.

참혹한 뮐베르크 전투가 일어난 지 사흘 후인 4월 27일, 황제군이 비텐베르크에 입성합니다. 그리고 가장 먼저, 95개조 논제가 게시되었고 루터의 시신이 안장된 궁성교회를 방문합니다. 이곳은 상징적인 곳이지요. 그때 부하들이 루터의 묘를 파헤쳐 부관참시할 것을 조언했지만, 황제는 승리를 이미 확신했던 터라 "나는 산 자와 싸우지, 죽은 자와 싸우지 않는다"라는 유명한 말을 남긴 채 그곳을 떠나게 됩니다. 그렇게 자신만만했던 건 개신교 진영이 그대로 괴멸되리라고 판단했기 때문일 겁니다. 황제군이 물러난 후, 비텐베르크 주민들은 하나둘 모여들었습니다. 그러나 이전과 같은 생동감은 어디서도 찾을 수 없었습니다. 참담한 그림자가 비텐베르크를 덮고 있을 바로 그때, 비텐베르크시 교회 담임 목사였던 요하네스 부겐하겐은 황제군이 입성했던 그날의 수모를 기억하며 시민들과 함께 제단화를 제작하여 봉헌하게 됩니다. 종교개혁의 정신을 다시금 정립해서 다시는 이런 일이 일어나지 않도록 하자는 뜻이었습니다. 여기서 중요한 것은, 이 제단화가 단순한 교회 인테리어용이 아니라는 사실입니다. 크라나흐 부자가 제작한 이 제단화 중에서, 루터가 살아 있던 1530년 어간에 대 크라나흐가 중앙화를 제작했고, 그의 아들과 함께 나머지 작품을 제작했다는 정도만 전해지기에 정확한 제작 연도를 특정하기는 어렵습니다. 아마 1530년 전후로 그린 중앙화를 중심으로, 이후에 그린 나머지 네 폭의 그림을 조합한 것으로 여겨집니다. 제작자가 누구인지, 연도가 언제인지보다 훨씬 중요한 건 제단화에 담긴 내용이겠지요.

여기엔 개신교회가 어떤 것인지 여실히 보여 주는 교회론이 고스란히 담겨 있습니다. 루터교회 신앙고백에 따르면 "교회는 복음이 순수하게 선포되고 성례전이 바르게 집행되는 성도의 사귐"입니다. 이 내용이 1530년 〈아우크스부르크 신앙고백서〉 제7항에 명시됩니다. 짧은 구절이지만, 복음이 순수하게 선포된다는 것(설교), 성례전이 바르게 집행되는 것(세례, 성만찬),

비텐베르크 제단화 중 중앙화 〈성만찬〉

거룩한 성도의 사귐(참회와 용서)이 네 폭 그림에 선언됩니다. 그렇기에 이 제단화는 시각 예술로 표현된 개신교 교회론의 표상이고, 정치적·신앙고백적 선언이라고 할 수 있습니다. 이제 하나씩 확인해 봅시다.

중앙화: 성만찬

가장 먼저 눈에 띄는 건 식탁입니다. 레오나르도 다 빈치의 〈최후의 만찬〉이 워낙 유명하고 강렬한 탓에 그림 속 원형 식탁이 더욱 도드라질 수도 있습니다. 작가 크라나흐가 의도적으로 원탁을 사용했는지는 확실치 않습니다. 그러나 일자형 식탁과 구별되는 의미가 있을 수 있습니다. 쉽게 이야기해 봅시다. 회사든 교회든 상관없습니다. 어느 날 우리 팀 스무 명이 회식을 하는데, 예약된 식당의 방문을 열었더니 긴 일자형 식탁이 보입니다. 그때 사람들이 가장 먼저 고민하는 게 무엇일까요? '어디 앉지?' 아닐까요? 그러고는 재빨리 다음 생각을 합니다. '우리 팀원 중 상석에 앉을 사람이 누구더라?' 순식간에 이런 생각이 정리되고 나면, 상석인 가장 중앙에 부장님부터 앉히고 그분 옆에 직급별로 착착 앉습니다. 왜요? 우리 관념 속에서 일자형 식탁은 '위계'를 암시하기 때문입니다. 똑같은 팀이 방문을 열었는데 원탁이 있으면 어떻게 하나요? 뭐, 생각할 필요 없이 일단 앉고 봅니다. 왜요? 원탁엔 위계가 없기 때문입니다. '원탁의 기사 아더 왕'을 아시나요? 전설의 인물 아더 왕이 그렇게 유명한 이유도 똑같습니다. 그의 신분은 왕이지만, 원탁에 앉은 기사들과 동등하게 소통했기 때문입니다. 작가의 의도가 확실하진 않지만, 저에게 제단화에 그려진 원탁은 종교개혁과 관련하여 읽힙니다. 원탁에서는 모든 사람이 동등한 위치에서 마주 보고 앉는데, 이는 개신교의 중요한 원칙인 '모든 신자의 사제직'과 비슷합니다. 이런 관점에서 보면, 원탁에 함께 앉은 예수님과 제자들의 모습은 종교개혁 시기에 강조한 '모든 신자가 하나님 앞에서 평등하다'라는 의미를 잘 보여 준다고 할 수 있습니다.

중앙화에서 또 특이한 점은 그림 속 인물들의 의외성입니다. 예수님을 제외하고, 여기 담긴 인물들은 루터 당시 비텐베르크에 살던 실제 주민들이라고 알려집니다. 그러니 교회 안 제단화가 봉헌되었을 때 주민들은 텔레비전에 자기가 아는 사람이 나온 듯 신기했을 겁니다. 몇 가지를 추려 봅시다. 중앙화에서 예수님이 누구인지는 누구나 알 수 있습니다. 그분 품에 포근히 안긴 인물은 예수의 사랑하는 제자 **요한**입니다. '사랑하는 제자'라는 성경의 한 구절 덕분에 요한은 종교화에서 대개 예수와 가장 가까운 곳에 있거나 수염 없는 여성의 모습으로 그려집니다.

요한 옆에 앉아 가슴에 오른손을 댄 민머리 인물은 **베드**

로입니다. 베드로를 민머리로 그리는 것은 오래된 전통인데, 이는 그의 이름 뜻과 관련이 있습니다. 베드로의 이름은 '반석'을 의미합니다. 바위에는 풀이 자라지 않기 때문에 베드로도 민머리로 표현했던 것이지요. 재미있는 점은, 중세 수도사들 사이에서 머리 가운데 부분을 동그랗게 깎는 유행이 있었는데, 이는 베드로를 본받으려는 마음에서 시작되었다고 합니다. 이런 머리 스타일을 '톤수라' 또는 '삭발례'라고 부릅니다. 그건 그렇다 치고, 가슴에 손을 얹은 자가 베드로일 수밖에 없는 이유는 성서적 배경에 있습니다. 마태복음 26장 17-36절에서 예수는 최후의 만찬 자리에서 제자 중 하나가 자신을 팔아넘길 것이라고 예언합니다. 그때 제자들은 저마다 "나는 아니지요?"라며 반응합니다. 33절에 가면 베드로가 "모두 주를 버릴지라도 나는 결코 버리지 않겠나이다!"라며 적극적으로 말하는 장면이 나옵니다. 쉽게 말해, 가슴에 손을 얹고 선언하는 장면이지요. 고대인들은 심장을 성령이 내주하는 양심 또는 생명이라고 여겼기에 가슴에 손을 얹는 행위는 목숨을 걸고 말한다는 뜻입니다. 물론 몇 시간 지나 베드로가 어떻게 되었는지는 알 사람들은 다 압니다. 자기 선생을 세 번이나 부인하지요. 이 장면은 신앙이란 자기 자신의 주장이나 가치가 우선 되지 않으며, 인간이라는 존재는 언제나 배신의 가능성을 지닌 연약한 존재, 즉 죄인이라는 루터의 인간 이해를 보여 줍니다.

─── 가롯 유다

열두 제자 중 가장 도드라지는 인물은 **가롯 유다**입니다. 유다는 가장 지저분한 용모로, 예수님의 왼편에 있습니다. 그의 입이 예수의 가운뎃손가락을 물고 있는데, 이것으로 저주받을 자가 누구인지 드러납니다. 유다의 특징인 은화 서른 냥이 든 돈주머니가 왼쪽 허리춤에 보입니다. 이 정도까지는 누구든지 알 만한 내용인데, 크라나흐는 유다를 통해 흥미로운 메시지를 하나 더 남겨 놓습니다. 그의 다리를 보세요. 제자들의 다리는 모두 원탁 안으로 들어가 있습니다. 그런데 유독 유다만 한 발은 안으로, 다른 한 발은 밖으로 삐져나와 있습니다. 무슨 뜻일까요? 양다리를 걸치고 있다는 뜻입니다. 이는 "신앙이란 갈라진 두 마음이 아니다"라는 메시지를 보여 줍니다.

유다와 관련한 또 한 가지는 그가 노란 망토를 입고 있다는 점입니다. 중세에 노란색은 추방당한 자, 배신자, 의심하는 자를 암시합니다. 종교화에서 유다는 거의 노란 망토를 애용합니다. 제2차 세계대전 당시 히틀러가 6백만 유대인을 가스실에서 학살한 역사를 아실 겁니다. 그때 유대인의 가슴에 '유대인의 별'을 붙이는데, 희망을 상징하는 파란색 대신 노란색 별을 붙인 역사가 있습니다. 히틀러에게 유대인은 구원자를 팔아먹은 '배신자'였기 때문입니다. 이런 식으로 유다를 인류의 배신자로 여긴 뿌리 깊은 역사는 색을 통해서도 엿볼 수 있습니다.

──── 루터

　　이제 성서의 인물이 아닌 특별한 인물 이야기입니다. 여기에 종교개혁자 **루터**가 숨어 있습니다. 그림 오른편에 검은 망토를 두르고 앉아 원탁 밖에 있는 인물과 큰 잔을 주고받는 사람이 루터입니다. 그런데 우리가 통념상 알고 있던 루터의 모습과 다릅니다. 왜냐하면 이 모습은 루터의 일생에서 특별한 사건이 있던 날을 담아 놓았기 때문입니다. 루터의 생애를 거슬러 올라가면, 1521년 보름스 제국의회에서 제국 추방령이 떨어지고 생명의 위협이 생겼을 때, 작센의 선제후가 바르트부르크성으로 그를 안전하게 피신시킨 일이 있었습니다. 루터가 독일어 신약성서를 11주 만에 번역한 곳으로 유명한 성이지요. 그런데 당시 사람들은 루터가 죽은 것으로 알고 있었고, 실제로 루터의 생존 사실이 알려지면 황제군에게 언제라도 암살당할 위험이 있었기에 그는 이름을 '융커 요르크Junker Jörg'로 바꾸고, 변장을 한 채 지내게 됩니다. 문제는 비텐베르크입니다.

　　루터가 죽었다는 소문이 돌자 비텐베르크에 소동이 일어납니다. 루터는 죽었지만, 그의 개혁 사상을 계속 이어 가야 한다는 목소리가 끊이지 않았습니다. 그 선두에 루터의 동료였던 안드레아스 카를슈타트가 있었고, 그는 급진적 개혁을 주장하며 구 교회적인 모든 것을 파괴하기 시작했습니다. 교회 안에 있는 예배 도구, 예술품, 성직자의 옷, 예배 의식 등 모든 것을 거침없이 제거했고 급기야 그들의 폭력마저 개혁의 이름으로 정당화하는 지경에 이릅니다.

아무도 제지할 수 없는 지경에 이르자 루터의 동료인 멜란히톤은 급히 바르트부르크성에 이 소식을 전했고, 루터는 그 소식을 듣자마자 비텐베르크로 달려오게 됩니다. 1522년 3월 6일 비텐베르크에 도착한 루터는 사순절 마지막 주간이었던 9일부터 부활주일인 16일까지 비텐베르크시 교회에서 여덟 편의 유명한 설교를 하게 됩니다. 이를 흔히 '인보카비티Invocaviti' 설교라고 이릅니다. 그는 개혁의 이름으로 자행되는 폭력은 어떤 이유로도 정당화할 수 없고 그것은 그리스도의 뜻이 아니라고 호소하는 설교로, 비텐베르크시에 일어난 사회적·신학적 혼란을 안정시킵니다. 개혁이라는 이름으로 일어난 사회 혼란을 칼과 무력이 아닌 설교로 진압한 놀라운 사례입니다. 제단화에 담긴 루터의 모습이 바로 그때 모습입니다. 수염을 기른 융커 요르크로 다시 모습을 드러낸 강렬한 기억을 크라나흐는 제단화에 그려 넣었고, 비텐베르크 주민들은 그 모습을 통해 1522년 폭력 사태를 회상하며 '종교개혁은 폭력과 상관없는 말씀의 개혁'이란 점을 되새기게 됩니다.

── 포도주

그림 속 루터에게로 다시 돌아갑시다. 그의 손에 들린 포도주잔에 주목해 봅시다. 원탁 밖 일반인이 루터에게 포도주잔을 넘겨주는 것 같기도 하고, 반대로 루터가 그에게 넘겨주는 것 같기도 합니다. 어떻게 보든 둘 다 의미 있게 읽힙니다. 만일 일반인이 원탁에 자리 잡은 루터에게 잔을 넘겨주는 것이라면, 전통적으로 사제만 성찬을 집전할 수 있다는 관습을 깨는 혁신적인 모습을 보이는 것이고, 반대로 루터가 식탁 밖 일반인에게 넘겨주는 것으로 본다면, 이 역시 성직자만 성찬용 포도주를 마실 수 있다는 중세 교회의 전통을 넘어서는 파격으로 볼 수 있기 때문입니다. 매우 의미 있게 볼 대목입니다. 가톨릭에선 성찬 때 회중에게 떡을 주지만 잔은 주지 않습니다. 잔은 안수받은 사제의 몫이라고 가르칩니다. 혹여 거룩한 주님의 피가 부정하게 취급될까 두려운 나머지 평신도에겐 이를 금지한 것이지요. 그러면서 떡은 그리스도의 참 몸이고, 몸 안에 피가 있으니 평신도에겐 떡으로도 충분하다고 공의회가 결정합니다. 그러나 루터는 그리스도께서 성찬을 명령하실 때 "먹고…마시라"라고 분명히 말씀하셨기에 떡과 잔 모두 분찬해야 한다고 강조합니다. 한쪽은 전통의 권위를, 다른 한쪽은 성경의 권위를 강조한 좋은 사례입니다. 이런 이유로 개혁자의 해석을 따르는 도시에선 양형 성찬으로 종교개혁 정신을 드러내는 것을 최고의 가치로 여겼습니다. 어떤 이들은 루터가 평신도에게 잔을 넘겨주는 모습을 오히려 외부 평신도가 열두 사도가 앉은 자리에 베푸는 모습으로 해석하기도 합니다. 그림을 살펴보면 충분히 가능한 설명입니다. 그렇게 본다면 이런 모습은 '오직 말씀Sola Scriptura'이라는 개신교 표제어뿐 아니라 모든 신자의 사제직이 교회 내에서 작동하는 구체적인 방식도 상징한다고 볼 수 있습니다.

　　포도주 이야기도 해 봅시다. 좀 엉뚱하게 들릴지 모르지만, 이 식탁에 있는 포도주는 적포도주가 아니라 **백포도주**인 것 같습니다. 쾰른대학교에서 미술사를 전공한 노성두 선생님이 중앙화에 나오는 포도주잔 하나하나를 세밀히 보여 주면서 이건 붉은 포도주의 색이 시간이 지나 변색된 게 아니라 원래 투명한 백포도주라고 설명하는 글을 우연히 읽은 적이 있습니다. 종교개혁 제단화에 나오는 성찬 포도주를 백포도주라고 주장하는 건 아마 세계를 통틀어도 노성두 선생이 최초일 겁니다. 저도 낯선 이야기라 처음엔 갸우뚱거렸습니다. 그런데 잔들을 확인해 보세요. 포도주가 보이는 잔은 적어도 셋인데, 베드로 앞에 놓인 잔은 잔 뒷면 조각까지 선명하게 투영됩니다. 그러면 왜 적포도주가 아니라 백포도주일까요? 성찬에는 적포도주만 사용해야 하지 않을까요?

　　저도 독일에서 성찬 때 백포도주를 사용하는 걸 처음 보고 화들짝 놀란 일이 있습니다. 예배 후 목사님을 찾아가 질문한 적이 있는데, 그때 그분 답은 간단했습니다. 웃으면서 하시는 말씀이 "예수님이 포도나무 열매로 만든 음료 이야기는 했지만, 그게 레드인지 화이트인지 말씀하지 않으셨고, 더 중요한 건, 이거 우리 동네에서 난 포도주"라면서 별일 아니라는 듯 답하던 게 생각납니다. 그런 말을 듣고서 '이 독일 목사가 날 한국 사람이라고 우습게 아나?' 하면서 씩씩거렸던 일도 떠오르네요. 그런데 나중에 알게 된 사실인데, 그분 말이 빈말이 아니더군요. 역사적으로 동방교회에선 성찬주로 적포도주만 사용하지만, 서방 교회 전통은 백포도주도 가능합니다. 실제로 루터 당시 독일에서 개신교 지역인 비텐베르크뿐 아니라 가톨릭이 지배적이던 바이에른에서도 성찬 때 백포도주를 사용했다는 기록이 있습니다. 백포도주를 교회에서 공식적으로 사용한 건, 1487년 교황 식스투스 4세가 이를 허용하면서부터이니 가톨릭뿐 아니라 개신교 진영에서도 이를 거리낌 없이 사용할 수 있었던 것이지요. 적포도주를 성찬에 사용한 건 순전히 시각적 이유라고 할 수 있습니다. 게다가 예수의 피인 포도주를 성찬 때 잘못 흘리거나 옷에 묻으면 확연히 티가 납니다. 16세기 당시 사제만 성찬례를 진행하던 가톨릭 진영과 달리 프로테스탄트 진영에선 간혹 일반 신자들도 성찬례를 집례했는데 성찬 집례가 서툰 탓에 이런 일이 종종 일어났고, 그 때문에 백포도주를 선호하는 경우가 증가합니다. 이와 더불어 와인 공급이 오늘날처럼 원활하지 않아서 질 좋은 포도주가 생산되는 지역 교회에선 당연히 로컬 푸드를 선호하게 된 것이지요. 여기까진 일종의 '알쓸신잡'(알아 둬도 쓸데없는 신비한 잡학사전)입니다.

─── **모든 직업이 거룩한 소명이다**

이왕 이야기가 나온 김에 잔을 넘겨받는 인물에 대해 좀 더 이야기해 봅시다. 이 사람의 직업이 무엇일까요? 언뜻 식당 도우미로 보이지만, 복장을 보면 그렇게 말하기 쉽지 않아 보입니다. 그가 하고 있는 일은 분명히 식사 도우미로 보이지만, 그의 옷은 16세기 독일 귀족 복장입니다. 보석 달린 칼을 찬 식당 도우미는 세상천지에 없습니다. 하필 왜 왕자 복장을 한 사람이 음식을 나르는 것일까요? 여기에는 신학적 의도가 숨어 있습니다. 1520년 루터가 쓴 종교개혁 3대 논문 가운데 하나인 〈그리스도인의 자유〉라는 아름다운 글이 있는데, 그 첫 문장이 이렇게 시작합니다. "그리스도인은 모든 것을 지배하는 지극히 자유로운 주인이며, 아무에게도 종속되지 않는다. 그리스도인은 모든 일을 위하여 봉사하는 지극히 충성스러운 종이며, 모든 사람에게 종속된다." 루터는 세례받은 그리스도인을 **주인인 동시에 종**으로 설명합니다. 하나님의 자녀로 왕 같은 존재이지만, 이웃을 위해 섬기는 종으로 사는 것, 이것이 종교개혁자가 강조한 그리스도인의 윤리입니다. 예수를 믿는다면 그렇게 살아야 한다는 것이지요. 크라나흐는 루터의 사상을 여기 그대로 옮겨 놓습니다. 그런데 그가 그린 왕의 옷을 입은 도우미가 누구냐면, 루카스 크라나흐의 아들입니다. 작가인 크라나흐는 자기 아들을 향한 소망을 그렇게 담아 놓습니다.

여기엔 주목할 사람이 또 한 명 등장합니다. 루터 바로 왼편으로 길게 수염을 기른 인물 보이시나요. 그의 이름은 한스 루프트Hans Lufft, 루터의 독일어 신구약 성서(1534)를 인쇄한 출판업자입니다. 그런데 사도들만 앉은 식탁 자리에 왜 하필 인쇄업자일까요? 바로 여기에 특별함이 있습니다. 한스 루프트는 열두 사도도 아니고, 루터 같은 종교개혁가도 아니고, 그렇다고 거룩하게 '안수받은 사제'도 아닙니다. 그저 동네 인쇄업자일 뿐입니다. 그런데 종교개혁 신학의 핵심이 담겨 있는 제단화에, 그것도 가장 큰 중앙화에서 사도급 자리에 앉아 있습니다. 여기 담긴 종교개혁 사상이 루터의 '직업 소명론'입니다. 사제뿐만 아니라 세속 직업으로 부름받는 것도 하나님의 소명이며, 이웃 섬김으로 부름받은 모든 직업이 하나님의 소명이라는 것입니다. 소명에 높고 낮음이 없다는 것이 이전에 없던 종교개혁 사상입니다. 루터의 말대로 하면, "아기 똥 기저귀를 빠는 여종이나 고기를 파는 푸줏간 주인이나 구두 만드는 피장이"도 하나님이 부르신 소명자입니다. 이전까지는 소명*Berufung*이라는 말을 안수받은 사도에게만 독점적으로 사용했지만, 루터는 이 말을 직업*Beruf*이라는 말로 확대합니다. 그러면 모든 직업이 다 하나님의 소명이냐고 물을 수 있습니다. 사기나 소매치기를 직업적으로 하는 사람도 있는데 그런 사람도 소명자일까요? 루터가 강조하는 소명의 기준은 '이웃의 유익을 도모하느냐'에 달려 있습니다. 이런 말도 합니다. "주교라 할지라도 자신의 유익만 생각하고 사는 사람이라면 그는 매일 성전이 아니라 지옥으로 달려가는 것이다!" 소명에서 중요한 건, 어떤 직업인가가 아니라 하나님의 계명에 따라 이웃을 섬기고 있는가에 달려 있습니다.

⸻ 교회 공동체

마지막으로, 식탁에서 예수의 위치만 간단히 덧붙여 봅니다. 일반적으로 최후의 만찬을 묘사하는 성화에서 예수님은 대부분 중앙 자리입니다. 그분이 성찬의 제정자이고 교회의 머리라는 상징적인 의미 때문입니다. 그런데 비텐베르크 종교개혁 제단화에서 예수님은 가장 왼편 구석에 배치되어 있고, 심지어 신성을 나타내는 후광도 보이지 않습니다. 흔히 그려지는 예수의 후광이 생략된 것은 단순한 예술적 선택일 수도 있지만, 이를 종교개혁 신학과 관련지어 생각해 볼 수도 있습니다. 프로테스탄트 전통에서는 하나님 아들의 물질성이 중요한 의미를 가지며, 이는 신비로운 존재로서의 예수보다 우리와 같은 인간으로 성육하신 그분을 강조하는 방향과 맞닿아 있습니다. 그런 맥락에서 크라나흐가 성찬 장면에서 후광 없는 예수를 그린 것은 우연이 아닐지도 모릅니다. 여기서 중요한 건 예수 한 분이 아니라 예수와 함께하는 식탁 공동체입니다. 즉, 개신교 신학은 개인이 아니라 교회 공동체를 강조합니다. 그 때문에 식탁 주위 인물들은 성찬 공동체로서 각자의 역할을 부여받은 소명자라고 할 수 있습니다.

중앙화에 담긴 이야기를 요약해 봅시다. 여기엔 로마교회와 대비되는 소통 구조인 **만인사제직, 양형 성찬, 폭력 대신 말씀을 통한 개혁 지향, 직업 소명론, 공동체 지향**을 확인할 수 있습니다. 이것들은 모두 종교개혁이 내세우는 핵심 가치입니다.

비텐베르크 제단화 중 좌측 패널 〈세례〉

좌측 패널: 세례

　　좌측 패널을 살펴봅시다. 세례대를 중심으로 사람들이 둘러서 있습니다. 평생 안수받지 않은 신학 교수 멜란히톤이 아이를 들고 있는데, 그의 오른편에 수염 난 사람은 이 그림을 그린 소 크라나흐의 아버지인 대 크라나흐, 그 옆은 크라나흐의 부인, 성경을 펴고 집례를 돕는 사람은 카스파르 아퀼라입니다. 멜란히톤이나 크라나흐에 비해 아퀼라는 덜 알려졌지만, 그도 16세기 종교개혁사에서 간과하기 어려운 인물입니다. 루터의 사상을 지지하고 가르치다 아우크스부르크 주교에 의해 투옥당한 일도 있고, 루터의 구약성서 번역을 돕기도 했으며 여러 신학 논쟁에 참여하며 왕성하게 저술 활동을 했던 인물입니다. 그러니 여기 루터만 없다뿐이지, 세례 예식을 집례하고 돕는 이들은 모두 종교개혁 전선의 지도자 그룹이라 할 만합니다.

　　이제 그림을 봅시다. 여기 낯선 게 하나 보입니다. 다름 아니라 세례대가 비정상적으로 깊고 크다는 점입니다. 이런 세례대는 찾아보기 힘듭니다. 어떤 분 이야기로는 그리스 기독교 유적지에 이런 세례대가 있다고 하는데, 독일에서는 분명히 낯선 광경입니다. 게다가 멜란히톤처럼 아이를 저렇게 들고 있다간 분명히 문제가 생길 겁니다. 까딱하다 저 깊은 세례대 속으로 아이가 빠져 버릴 수도 있고, 빨리 수습하지 않으면 죽을 수도 있습니다. 그런데 이 그림의 의도가 정확히 이것입니다. 세례란 그리스도와 함께 옛사람이 죽는 것이며 동시에 그리스도와 함께 다시 살아나는 것입니다. 화가는 의도적으로 아이를 들고 있는 멜란히톤의 모습을 불안정한 자세로 그리면서, 죽음에 대한 경각심과 동시에 부활에 대한 메시지를 암시합니다. 카스파르 아퀼라가 펼쳐 든 성경 구절이 의미심장한데, 거기에는 라틴어로 마가복음 16장 16절이 적혀 있습니다. "믿고 세례를 받는 사람은 구원을 얻을 것이요 믿지 않는 사람은 정죄를 받으리라*qui crediderit et baptizatus fuerit salvus erit qui vero non crediderit condemnabitur.*"

——— **만인사제직**

한 가지 더 주목할 점은, 앞서 언급한 멜란히톤이 안수받지 않은 일반 신자였다는 사실입니다. 통념상, 세례나 성찬은 목사로 임명(안수)받은 성직자가 집례하는 것으로 알고 있지만, 이 그림은 이런 생각을 정면으로 반박합니다. 실제로 루터파의 〈아우크스부르크 신앙고백서〉 제14조도 성례전은 정식으로 소명을 받은 사람이 아니면 집례하지 못하도록*Rite vocatus* 명시합니다.[11] 그렇다면 이 그림은 어찌 된 일일까요? 루터라면 어떻게 했을까요? 일반 신자는 집례할 수 없을까요?

루터의 글에선 허용과 금지 모두 발견할 수 있습니다. 원론적으로, 일반 신자의 집례도 가능합니다. '모든 신자의 사제직'이 그 근거입니다. 그러나 종교개혁이 진행되면서 세례와 성찬의 의미도 모른 채 오용되는 현장을 목격한 이후로 루터도 교회 질서를 강조하며 직임을 받지 않은 이의 성례전 집례를 금지하게 됩니다. 다만, 분초를 다투는 경우, 즉 죽음이 임박했는데 목사가 없다든지 하는 위급한 경우엔 언제 누구라도 일반 신자의 집례가 허용됩니다. 그리고 위급한 경우가 아니더라도 교회 공동체가 목회를 위임한 목회자의 감독 아래에서 다른 사람이 집례하는 것은 가능합니다. 여기서 중요한 건, 교회의 조화와 질서라는 가치 기준입니다.

한발 더 나아가 봅시다. 보통 성찬식에서는 세례받은 사람만 떡과 잔을 받을 수 있다고 합니다. 그러면 세례받지 않은 사람은 성찬을 받지 못할까요? 루터에게 이 부분은 해석의 여지가 있어 보입니다. '수찬의 전제조건이 세례'라고 명시한 부분을 그의 글에선 찾을 수 없기 때문인데, 그래서 루터 신학자들 사이에서 "먹고 세례를 받는 것인가?" 아니면 "세례받고 먹는 것인가?"라는 논쟁이 아직도 끊이지 않습니다.

보수적인 입장을 고수하는 측에선 일반 통념에 기대어 세례받은 사람만 성찬을 받도록 하고,[12] 진보적으로 해석하는 측에선 성찬의 전제 조건으로 세례의 유무를 따지지 않습니다. 그 이유는 루터에게 성찬은 하나님의 용서와 위로를 뜻하는 것이며, '구원받을 자격이 없기에 하늘의 은총과 위로를 갈구하는 자'라면 성찬 자격으로 충분하기 때문입니다.[13] 루터에게 교회는 용서하는 곳이지 죄를 만들어 정죄하는 곳이 아닙니다. 즉 성찬은 용서가 필요하고 하나님의 위로가 갈급한 사람이라면 누구나 가능합니다. 이 그림에 대해 한 가지 덧붙인다면, 성인에게 세례를 베푸는 경우가 아니라 유아세례라는 점도 중요합니다. 16세기 루터파는 유아세례를 거부하는 재세례파와 다르다는 것을 이 그림이 보여 줍니다.

우측 패널: 참회

오른편 날개입니다. 주제는 '죄의 고백과 용서' 즉, 참회입니다.

──── 모두가 제사장

중앙의 나무 의자에 앉은 사람은 마르틴 루터의 동료이자 친구이며, 시 교회 담임목사 요하네스 부겐하겐Johannes Bugenhagen(1485-1558)입니다. 개신교 최초 청빙 목사로 알려진 인물입니다. 부겐하겐 앞에 두 사람이 죄를 고백하는데, 한 사람은 무릎 꿇고 진실한 참회를, 붉은 망토에 보석 박힌 칼을 허리에 찬 사람은 대충대충 빨리 자리를 뜨려는 눈치입니다. 그의 손이 묶여 있는 모습이 인상적입니다. 이 그림은 참으로 회개하는 자에겐 용서를, 그렇지 않은 자에겐 여전히 죄의 속박이 유지된다는 것을 보여 줍니다.

비텐베르크 제단화 중 우측 패널 〈참회〉

이 그림에서 특별한 대목은 남자와 여자 무리가 이 광경을 응시하며 서 있는 모습입니다. 이들은 교회 대표들입니다. 지금으로 하면 교회에서 중추적인 역할을 맡은 장로 권사 정도 될 것 같아요. 물론, 당시 루터교회 직제에선 그런 제도가 없었지만 말입니다. 여하튼 참회하는 현장에 교회 대표자들이 함께 있다는 점은 로마가톨릭교회의 고해성사와 확연히 구분되는 지점입니다. 중세 교회는 사제와 신자의 사적 고해만을 참회로 간주했지만, 개혁자들은 공적인 회개를 강조합니다.

죄를 지었으면 교회 공동체 앞에서 참회하고 용서받는 과정이 반드시 있어야 한다는 것이지요. 그렇다고 일대일 개인으로 만나 참회하는 사적 참회를 내친 건 아닙니다. 루터는 공적 참회와 마찬가지로 개인의 고해도 중요하게 여깁니다. 다만, 로마교회의 고해 관습과 구별되는 건 모든 세례받은 자가 고해 사제의 역할을 할 수 있다는 점입니다. '세례받은 사람이면 누구나 제사장'(만인제사장직)이라는 종교개혁 사상이 여기에서도 드러납니다.

─── 천국 열쇠

조금 더 가까이 들여다봅시다. 부겐하겐의 양손에 열쇠가 두 개 보입니다. 이 열쇠는 그리스도께서 주신 권능의 상징인데, 일명 '천국 열쇠'라고 부릅니다. 성경 구절을 하나 찾아봅시다. "또 내가 네게 이르노니 너는 베드로라. 내가 이 반석 위에 내 교회를 세우리니 음부의 권세가 이기지 못하리라. 내가 천국 열쇠를 네게 주리니 네가 땅에서 무엇이든지 매면 하늘에서도 매일 것이요, 네가 땅에서 무엇이든지 풀면 하늘에서도 풀리리라"(마 16:18-19).

로마교회에선 이 구절을 근거로 베드로가 제1대 교황이며, 예수님이 그에게 땅과 하늘을 여닫는 두 열쇠를 선물해 주셨다고 가르칩니다. 그래서 교황은 그 열쇠로 교회에 숨겨진 보화의 창고를 여닫으면서 현세와 내세(연옥)의 영혼에게 은혜를 베푼다고 설명합니다. 이는 교황에게 주어진 권능이라서 중세 종교화엔 심심찮게 교황을 두 열쇠로 상징하는 걸 확인할 수 있습니다. 예를 들어, 로마 바티칸의 시스티나 경당 벽화 가운데 피에트로 페루지노Pietro Perugino(1450-1523)의 프레스코 벽화라든지, 아니면 바티칸 시국의 국장이 좋은 사례입니다.

특이한 건, 비텐베르크의 종교개혁 제단화 오른쪽 그림인데, 교황도 아닌, 그렇다고 주교도 아니고 사제도 아닌 부겐하겐이 두 열쇠를 손에 쥐고 있다는 점입니다.

16세기 종교개혁이 일어나면서 옛 질서와 구분되는 교회의 특징이 몇 가지 있습니다. 그중 하나가 '목사'의 출현이지요. 로마교회에선 주교의 안수를 통해 은총이 주입infusa gratia되어 떡과 포도주를 성혈 성체로 변화시킬 거룩한 능력이 생긴다고 가르쳤는데, 누구도 빼앗아 갈 수 없는 신적 능력으로 이해되었지요. "한 번 해병은 영원한 해병"이라는 말처럼, 안수를 통

피에트로 페루지노, 〈베드로에게 열쇠를 주시는 예수님〉
1481년, 프레스코화, 335×550cm, 시스티나 경당

해 은총이 주입되어 사제가 되면 일반인과 차원이 다른 거룩하고 구별된 존재가 된다고 사람들은 믿었습니다.

하지만 루터는 이런 교회의 가르침이 잘못되었다고 힘주어 말합니다. 그에 따르면, 마태복음 16장에 나오는 '천국 열쇠의 직무'는 베드로 한 사람에게 준 선물이 아니라 세례받아 그리스도를 믿는 '모든 신자에게 주신 선물'입니다. 실제로 마태복음 16장의 천국 열쇠 이야기는 거기서 끝나지 않고 마태복음 18장 18절에 한 번 더 등장합니다. "진실로 너희에게 이르노니 무엇이든지 너희가 땅에서 매면 하늘에서도 매일 것이요 무엇이든지 땅에서 풀면 하늘에서도 풀리리라."

이 구절이 특별한 이유는 예수님이 베드로 한 사람이 아니라 제자들 모두에게 이 말씀을 하고 계시기 때문입니다. 즉, 사도 계승의 근거로 사용되는 천국 열쇠는 사실 교황과 사제들을 위한 말씀이 아니라 모든 믿는 사람을 위한 말씀이 됩니다. 이와 더불어 이 열쇠는 교회의 치리권과 관련이 있어서, 치리의 권리가 베드로나 교황 한 사람에게만 주어진 열쇠로 볼 근거가 거의 없다고 볼 수 있습니다. 치리권은 한 개인의 독점권이 아니라 제자 공동체의 의무이며 권리라고 할 수 있습니다.

—— **나무 의자**

부겐하겐이 앉은 큼지막한 나무 의자를 주목해 봅시다. 라틴어로 '카테드라*Cathedra*'라고 불리는 의자인데, 그 유래가 흥미롭습니다. 로마제국에 공인받기 전까지 교회는 일종의 지하 종교였지만, 주후 313년 콘스탄티누스 황제가 로마제국의 공식 종교로 인준한 이후에 급속한 변화를 맞습니다. 여러모로 환경이 바뀌게 되는데, 그중 눈에 띄는 변화가 예배 장소의 변화라고 할 수 있습니다. 기껏해야 가정이나 지하 동굴에서 점조직으로 모이던 예배가 이젠 제국의 비호 아래 대리석 번들거리는 로마의 공공건물로 옮기게 됩니다. 그 흔적이 오늘의 예배 순서에도 어렴풋이 남아 있는데, 예배 첫 순서로 부르는 찬송(입례송 또는 입당송)입니다. 가정교회일 적엔 방문 열고 몇 발짝만 옮기면 설교대인데, 입당 순서가 필요할 리 없습니다. 하지만 로마의 공공건물로 예배 장소가 옮겨진 다음부터는 다릅니다. 입구에서 제단까지 걸어 나오는 시간이 제법(?) 걸렸고, 이 시간을 메우기 위해 시작된 예배 순서가 입당송입니다.

　　교회 건물 명칭에도 그런 흔적이 남아 있습니다. 로마제국에선 법원(공회당)처럼 거대한 대리석 공공건물을 '바실리카 Basilica'라고 불렀는데, 이 건물을 교회가 얻게 됩니다. 그러면서 바실리카는 '대성당'을 칭하는 용어로 바뀌게 됩니다. 로마 시대 바실리카는 집정관이 각종 판결과 도시 행정 업무를 보던 곳이라서 교회가 바실리카의 주인이 되자 사람들은 교회의 대표인 주교(감독)의 직무를 집정관과 유사한 것으로 이해하게 됩니다. 교회가 제국의 종교가 되면서 교회 내부의 권위 체계는 점차 명확해지고 계급의 서열화가 급속히 진행되었습니다. 4세기

부터 주교와 사제, 그리고 사제와 일반 신자 사이의 구분이 점점 더 뚜렷해지기 시작했는데, 이는 로마제국의 신분 질서와 유사한 형태로 강화되었습니다.

제국의 방식을 교회가 수용하면서 바실리카는 교회 건물이 되었고, 바실리카의 큰 홀에 있던 집정관의 의자는 '주교가 앉는 의자' 곧 주교좌主教座가 되어 최상위 권위를 상징하게 됩니다. 이 의자가 있는 교회당을 '주교좌성당Cathedral; *Ecclesia Cathedralis*'이라고 부르기 시작했는데, 이 건물엔 주교좌가 있어서 주교가 상주하며 교구 전체를 관리 감독하는(하늘과 땅을 열고 닫는) 중심 교회라는 뜻입니다. 지금도 주교제로 운영되는 정교회, 로마가톨릭, 성공회에선 주교좌성당 또는 대성당을 일반 교회와 구분합니다.

—— 목사

부겐하겐이 앉은 나무 의자와 그가 손에 쥔 두 열쇠엔 바로 이런 뜻이 담겨 있습니다. 주교의 의자와 천국 열쇠. 그렇다면 부겐하겐으로 대표되는 개신교 목사는 집정관 같은 주교의 권능을 휘두를 수 있을까요? 그렇지 않습니다. 종교개혁은 목사의 직무를 안수받은 사제와 다른 방식으로 이해합니다. 로마가톨릭교회에서는 주교의 안수를 통해 사제를 세우고, 그 직임은 주교가 아닌 그 누구도 흔들 수 없습니다. 이에 비해, 개신교 목사는 주교가 아니라, 그리스도의 몸인 교회 공동체가 세웁니다. 그래서 교회 공동체가 원하면, 언제든 세울 수도, 해임할 수 있다는 것이 종교개혁의 파격적인 정신이기도 합니다.

"목사의 모든 권능은 교회의 머리이신 그리스도와 그의 지체인 교인들에게서 나온다." 그래서 '위임 목사'라는 호칭이 의미가 있습니다. 목사가 교회 공동체로부터 위임받은 직무는 "복음을 순수하게 가르치고, 성례전을 바르게 집례"(〈아우크스부르크 신앙고백서〉 제7조)하는 일입니다.

종교개혁이 줄기차게 선언하는 주제가 여기에 있습니다. "교회의 주인은 그리스도이며, 모든 교인은 하나님 앞에서 평등하다." 목사는 교인들에게서 특수한 기능을 위임받은 'N분의 1 교인'입니다. 이것이 무너지는 순간, 그 교회는 또 다른 방식의 중세 교회로 전락하고 맙니다. 이것이 개신교 정신, 즉 프로테스탄트 정신입니다. 부겐하겐 뒤에 서 있는 교인들이 바로 이런 종교개혁 정신을 넌지시 드러냅니다. 이전 시대 교회라면 주교의 의자 뒤엔 감히 누구도 서지 못합니다. 그런데 부겐하겐 뒤엔 남녀 교인들이 서 있는 걸 볼 수 있습니다. 교인들은 지금 자신들이 청빙하여 세운 목사 부겐하겐이 열쇠의 직무를 잘 수행하는지 감독하며, 교회 구석구석을 응시합니다.

목사는 교회의 대표로 세워졌지만, 교회를 다스리는 왕이 아닙니다. 이걸 개혁자의 말로 바꾸면, "세례받은 모든 신자가 이 열쇠를 사용할 수 있다"라는 것입니다. 실제로 루터는 신자 개개인이 서로 죄를 고백하고 용서할 수 있는 모범을 그의

〈소교리문답〉(1529)에 수록했는데, 사제 앞에서만 고해성사할 수 있다던 시대에 이런 시도는 파격일 수밖에 없습니다.

── 거룩한 교회

다시 그림으로 돌아갑시다. 종교개혁 제단화로 불리는 비텐베르크시 교회의 네 폭 그림은 종교개혁이 지향하는 복음적 교회의 의미를 담고 있습니다. 개신교 교회론의 틀이 되는 1530년 〈아우크스부르크 신앙고백서〉 제7조는 "교회란 복음이 순수하게 선포되고 성례전이 바르게 집례되는 거룩한 성도의 모임"으로 정의합니다. 교회의 표지인 말씀 선포, 세례, 성찬은 이 제단화에서 확연하게 드러나는데, 마지막 그림인 참회는 종교개혁 교회에서 어떤 위치를 차지하고 있을까요?

루터의 〈대교리문답〉(1529) 사도신조 해설에 나오는 구절을 읽어 봅시다.

그러므로 교회는 이것을 분명히 해야 합니다. 바로 이곳에서 우리의 양심은 죄 용서의 말씀과 표징을 통해 매일 위로받고 회복되어야 합니다. 이 일은 우리가 살아 있는 한 계속되어야 합니다.…교회에는 두 가지 의미가 내포되어 있습니다. 첫째는 "하나님이 우리를 용서하신다"라는 것이며, 둘째는 "우리가 서로를 용서하고 짐을 함께 지며 돕는다"라는 것입니다. 그러므로 죄 용서가 없는 곳이면 어디나 '교회 밖'입니다. 기쁜 소식

(복음)이 있다면 죄 용서가 있다는 뜻이고, 죄 용서가 없는 곳은 교회가 아닙니다. 그런 곳엔 진정한 거룩함도 없습니다."**14**

요약하면 이렇습니다.

1. 용서 없는 교회는 교회가 아니다. 교회의 거룩성은 여기에 달려 있다.

2. 이웃을 가르고 심판하는 자가 '교회 밖 사람'(비그리스도인)이다.

3. 교회 밖 사람에겐 구원이 없다.

여기서 오해하지 말아야 합니다. "교회 밖엔 구원이 없다 *Salus extra ecclesiam non est*"라는 격언은 3세기 교부 키프리아누스 Thascius Caecilius Cyprianus(200?-258)의 유명한 말입니다. 보통 "교회 안 다니면 지옥 간다"라는 식으로 이해하지만, 루터는 그렇게 설명하지 않습니다. "교회 밖의 사람에게 구원이 없다"라는 말은 루터에게 교회의 본질(하나님의 용서, 사랑)을 망각한 사람들, 다시 말해 교회 내부에 자리 잡은 바리새인 같은 사람을 저격하는 내부 비판용 문구입니다. 루터에게 교회란 죄인을 만드는 공장이 아니라 용서하는 곳입니다. 예수님의 십자가 사건이 죄인을 용서하는 사건이니, 용서는 교회의 명백한 표지고, 그렇기에 용서는 '교회의 거룩성'의 척도가 됩니다. 화려한 건물, 엄숙한 예배, 목회자의 유려한 말솜씨를 두고 거룩한 교회라고 말하지

© Shutterstock

비텐베르크 종교개혁 제단화 프레델라

않습니다. 중요한 것은, 오직 하나! 그리스도께서 십자가에서 보여 주신 모습을 닮아 있는가 아닌가에 달려 있습니다. 오해하지 맙시다. 무턱대고 사랑이라는 이름으로 퉁치고 용서로 덮어 버리자는 말이 아닙니다. 교회의 용서는 회개하는 자에게 주어지는 은혜의 선물이지, 가면 쓴 회개에 공짜로 주어지는 값싼 선물이 아닙니다. 붉은 망토를 입은 사내 손에 오랏줄이 여전히 감겨 있는 모습을 기억하길 바랍니다.

자, 오늘 우리의 교회는 어떤가요? 모두가 하나님 앞에 평등한 공동체인가요? 우리의 양심이 용서받고 위로를 얻는 교회인가요? 회개하는 자에게 용서를 베푸는 교회인가요?

하단 프레델라: 설교

비텐베르크 종교개혁 제단화 프레델라는 구성적으로 다른 제단화와 달리 유달리 큽니다. 일반적인 제단화 하단 프레델라는 높이가 절반 정도로 낮고, 그림도 한 편이 아니라 서너 점 정도 배치됩니다. 그런데 여기는 큼지막한 그림 한 점만 도드라지게 강조됩니다. 그 내용은 '설교'입니다. 십자가에 달린 그리스도를 중심으로 오른편엔 설교하는 루터, 왼편엔 설교를 경청하는 비텐베르크 주민들이 보입니다. 그리고 이 공간 벽과 바닥에 불규칙하게 보이는 붉은색 칠은 예수의 피를 상징합니다. 즉 이곳이 예수의 십자가와 보혈을 선포하는 교회라고 알립니다.

앞서 언급했듯, 교회는 복음을 순수하게 선포하는 곳입니다. 그렇다면 '순수한' 복음, '바른' 설교란 무엇일까요? 이 질문에 대한 원론적인 답이 여기 있습니다. 흥미로운 장면부터 짚어 봅시다. 설교 시간에 회중은 모두 목사를 응시해야겠지요. 그런데 사람들은 설교자 대신 십자가를 바라봅니다. 물론 딴짓하는 사람도 한두 명 보이네요. 그래도 이 정도는 우리 교회도 그러니 웃어넘길 만합니다. 회중뿐 아니라 설교자인 루터도 십자가에 집중합니다. 루터의 왼손은 성경 위에 올려져 있고, 오른손은 검지와 중지를 모아 십자가를 가리킵니다. 만일 엄지까지 펼쳐져 있다면 삼위일체를 의미하겠지만, 검지와 중지만 편 모습은 '참 신이요, 참 인간이신 그리스도 예수'를 상징합니다. 루터가 설교단에서 한쪽 손을 성경 위에, 다른 손은 저 모양을 취하는 의미는 성경의 모든 말씀이 십자가 예수를 향하고 있다는 표식입니다.

─── 그리스도 중심

루터가 강조한 성서 해석 방법이 바로 이것입니다. "성서의 모든 말씀은 그리스도를 설교하고, 그리스도를 향하고 있다."[15] 이런 말도 합니다. "성경에서 그리스도를 빼 보라! 그러면 무엇이 남는가?"[16] 이 말을 비틀면, 당시 교회 설교에선 그리스도가 그리 중요한 내용이 아니었다는 말이 됩니다. 실제로 사제들은 자신들의 강론을 성서 대신 '잘 사는 법', '행복하게 사는 법' 등 삶의 윤리로 가득 채웠습니다. 프레델라가 이런 세태를 꼬집는데, 종교개혁 제단화 상단 명판은 마치 하늘과 땅 또는 수미쌍관법처럼 이를 더욱 강조합니다. 거기에는 멋진 독일어 프락투어체로 고린도전서 3장 11절이 새겨 있습니다. "이 닦아 둔 것 외에 능히 다른 터를 닦아 둘 자가 없으니 이 터는 곧 예수 그리스도라*Einen anderen Grund kann niemand legen, außer dem, der gelegt ist, welcher ist Jesus Christus*."

"설교에 그리스도가 드러나야 한다"라는 제단화의 선언은 오늘 이 시대 교회에도 송곳처럼 뜨끔합니다. 기독교 관련 방송에 등장하는 유명하다는 목사들의 주일 설교를 어쩌다 들어 보면 저게 설교인지 만담인지 아무말대잔치인지 싶을 때가 한두 번이 아닙니다. 설교 강단인지 자기 놀이터인지 도대체 구분하지 못하는 사람들이 화려한 입담으로 교인들을 미혹하는 현장이 역겨울 정도입니다. 루터가 경험한 중세 교회가 바로 이러했지요. 이런 이유로 루터와 초기 개신교인들은 '오직 성서*sola scriptura*', '오직 그리스도*solus Christus*', '오직 믿음*sola fide*'의 원리가 교회에 가득하길 소망하게 됩니다.

그림 중심부로 시선을 옮겨 봅시다. 십자가에 달린 예수가 한가운데에 있습니다. 즉 교회의 중심, 설교의 중심, 성경 메시지의 모든 중심은 십자가 예수라는 선언입니다. 앞서도 그랬듯이 이번에도 이걸 비틀어 보면, 당시 교회 체계의 중심은 다른 데 있었다는 반증이기도 합니다. 우리가 다 알 듯, 루터와 프로테스탄트들이 진단한 교회는 교황으로 대표되는 교권이 교회 중심에 놓인 비정상 상황이었습니다. 이에 비해 종교개혁 정신은 언제나 '권위에 대한 믿음을, 믿음에 대한 권위로 대치'하는 것이고, 그 어떤 것도 그리스도에 대한 믿음 위에 설 수 없습니다. 이와 관련하여 중세 회화를 살펴보면, 그리스도가 중심에 자리 잡는 일이 그리 흔치 않습니다. 오히려 그 자리에 성인들과 마리아가 자리 잡고, 경건의 모델을 보여 주는 데 관심을 두는 게 일반적이었습니다. 여기에 십자가를 중심에 옮겨 놓은 것은 루터의 공이라고 할 만합니다.

─── **피에타**

르네상스 예술의 대가로 알려진 미켈란젤로의 〈피에타 Pieta〉를 시기별로 비교 관찰해 보면 좋은 사례가 될 수 있습니다. 미켈란젤로가 23세 젊은 나이에 조각한 피에타(1498-1499)는 예수가 아니라 마리아가 중심에 자리합니다. 바티칸 대성당에 있는 이 조각상을 보면, 르네상스 예술의 아름다움과 고결한 품격을 느낄 수 있지요. 마리아의 표정은 아들이 죽은 직후임에도 불구하고 모든 현실의 고통을 초탈한 듯 담담하고 아름답습니다. 하지만 사건 전후를 알고 보면 이런 마리아의 표정은 상당히 이해하기 힘듭니다. 그런데 이 작품이 유명해진 이유가 바로 여기 있습니다. 가톨릭 역사가들은 15세기 중반부터 16세기 초를 '르네상스 교황기'라고 이름합니다. 명칭만 놓고 보면, 무언가 멋져 보이지만 실상은 정반대입니다. 이 시기는 가톨릭 역사에서 지워 버리고 싶을 정도로 문제가 많던 교황들의 시기로 유명합니다. 성직매매는 기본이고, 열여섯 살 꼬맹이가 주교도 되고 추기경도 되고, 돈만 주면 교황도 되던 때입니다. 사정이 이렇다 보니 교회를 향한 신뢰에는 점점 금이 가고, 교회에 적대적인 분위기가 고조됩니다. 이런 분위기에 종교개혁이 일어난 것이지요.

　　미켈란젤로의 피에타는 중세 말 교회 부패가 극심했던 시기에 제작되었습니다. 물론 이는 저의 개인적인 상상이겠지만, 시대 배경을 고려하면 이렇게 해석하는 이도 있지 않았을까 싶습니다. '비록 교회와 성직자들이 많은 문제를 안고 있더라도, 신앙인이라면 저 마리아처럼 초연한 모습으로 살아가는 게 참된 경건함이다!' 혹시라도 그렇다면, 이 작품은 중세 교회를 대변하는 변호사 같은 작품일 겁니다. 그렇지 않더라도 이 작품은 그 자체만으로도 이생의 고통을 초월하는 경건을 묵상하게 만드는 건 사실입니다. (자의든 타의든) 중세 교회의 교리를 웅변하는 청년 미켈란젤로의 피에타는 노년에 급격한 변화가 감지됩니다. 마리아는 점차 중앙에서 밀리고, 그녀의 아름다움은 거친 돌의 물성으로 바뀌며, 예수가 조각 중앙에 자리 잡게 됩니다. 심지어 자기 묘비로 사용하기 위해 만든 피렌체의 피에타 (1550)를 보면, 예수 왼편에 있는 마리아의 얼굴은 반대편 막달라 마리아와 비교가 되지 않을 정도로 거칩니다[참고. 학자들에 따라선, 두 인물을 역으로 설명하거나 인물 조각이 거친 이유를 미완성으로 설명하기도 합니다]. 하나님의 어머니이기에 영원히 늙지 않는다는 중세 교회의 성모론은 이제 미켈란젤로에게서 거부당합니다. 미모의 마리아는 사라집니다. 피렌체의 피에타가 특별한 건, 예수의 시신을 뒤에서 잡아 주는 니고데모의 얼굴에 미켈란젤로 자신의 얼굴을 새겨 놓았다는 점입니다. 우연인지 모르겠지만, 작품을 만들던 때 로마가톨릭 내부에 니고데모파라는 은밀한 조직이 움직이고 있었는데, 이들이 개신교회의 사상을 추종하는 개혁 그룹이라는 소문이 있습니다. 1546년부터 시작된 트리엔트 공의회에서 로마교회는 반反종교개혁 의지를 굳히고 내부 단속을 시작했는데 그때 표적이 된 대상 가운데 한 집단이 니고데모파입니다. 니고데모파로 발각되면 축출당하거나 화형당했던 것이지요. 이 소식을 들은 미켈란젤로는 혹여라도 의심을 피하려고 피렌체의 피에타를 자기 손으로 부수려고 했지만 제자들이 말리는 통에 예수의 왼쪽 다리를 비롯하여 여기저기 부서진 상태로 보존되고 있다고 합니다. 죽기 직전까지 작업하며 공을 들인 것으로 유명한 론다니니의 피에타(1552-1564)는 더 이상합니다. 십자가에서 죽은 아들이 오히려 살아 있는 마리아를 등에 업고 있는 모습을 확인할 수 있습니다. 이렇듯 중세에 예수가 예술 작품 중심에 자리하는 것은 특별한 메시지를 담은 증거라고 볼 수 있습니다.

십자가에 달린 예수에게 다시 집중해 봅시다. 그분의 세마포가 흩날립니다. 이를 통해 화가는 십자가 죽음이 곧 부활 사건이라는 것을 알립니다. 그리스도의 죽음과 부활은 동전의 양면과 같으며, 이 십자가가 인간의 체험과 거짓을 넘어서게 합니다. 이것이 루터의 〈하이델베르크 논제〉(1518)로 알려진 '십자가 신학'의 핵심이기도 합니다.

왼편의 회중을 봅시다. 맨 앞엔 루터의 아들 한스와 아내 폰 보라가 있고, 뒤에 있는 주민들이 열심히 십자가를 바라봅니다. 루터는 예배를 가리켜 '공동예배*Gemeindegottesdienst*'라는 말을 사용하는데, 누구도 소외되지 않는 예배가 그것입니다. 어린이와 유아라고 배제할 이유가 없지요. 주일 설교 시간에 아이들을 예배당 밖으로 분리하는 데 익숙한 한국 교회가 한 번쯤 깊이 돌아봐야 할 대목이 아닐까 싶습니다.

선하고 악한 정부의 알레고리[17]

암브로지오 로렌체티, 시에나 시청사 9인의 방 벽화

청년 주일을 맞아 전통과 미래에 대한 이야기를 제 관심 분야와 접목해서 강의해 달라는 요청을 받았습니다. 일단 수락하긴 했는데, 여러모로 난감했습니다. 청년들을 위한 특별한 주제가 떠오르지 않았기 때문이기도 하고, '청년-전통-미래'라는 세 개념을 이어 주는 소재가 선명하게 그려지지 않았습니다. 제가 잘하는 것이라고 해 봐야 전공 분야인 마르틴 루터의 종교개혁 같은 건데, 이 주제는 저뿐 아니라 수많은 목사와 학자가 워낙 많이 이야기해서 그다지 새로울 것 같지 않았습니다. 초대하신 의도를 곰곰이 생각해 보았습니다. 왜 저런 주제를 주셨을까. 그랬더니 희미하게나마 실마리가 보였습니다.

전통이라는 것은 과거로부터 물려받은 가치와 신념 체

계, 그리고 오늘을 형성한 문화와 역사를 아우르는 말입니다. 전통을 미래와 연결한다는 것은 다름 아니라 오늘 우리의 자리를 돌아보면서 어떤 선택을 해야 하는지, 어떤 행동을 해야 할지 방향을 설정한다는 뜻일 겁니다. 특별히 우리가 교회라는 이름으로 살아간다면, 예로부터 우리에게 주어진 것, 변하지 않는 고유의 것이 무엇인지 확인하고, 오늘을 돌아보고, 내일을 가늠하는 게 오늘의 과제입니다. 특별히 청년은 교회의 미래입니다. 청년들은 교회뿐 아니라 사회 전체에 에너지를 공급하고 교회의 비전을 실현하는 데 필요한 창의력과 열정이 있는 세대입니다. 그래서 청년들이 교회의 의사소통 결정에 적극적으로 참여하고 의견을 자유롭게 표현할 수 있도록 기성세대가 장을 마련해 주는 것도 이 시대 교회에 꼭 필요한 과제입니다.

청년 주일, 전통, 미래, 이 복합적인 개념들을 좀 더 넓은 틀로 한데 모을 수 있는 주제가 있는데, 그것이 바로 '교회'입니다. 교회란 무엇일까요? 저는 오늘 청년에게만 국한된 이야기가 아니라 교회에 관한 이야기를 여러분과 나누려고 합니다. 앞서 교회의 첫 태동 사건인 사도행전 2장을 함께 읽었습니다. 거기엔 교회의 원형이 어떤 것인지 담겨 있습니다. 고대로부터 신학자들은 교회를 '거룩한 사귐의 공동체*communio sanctorum*'라고 불러 왔습니다. 그런데 이 말을 뒤집어 보면, 우리 현실은 정반대라는 자각도 담겨 있습니다. 거룩한 사귐을 갖기도 어렵고 선한 공동체를 만들 수도 없다는 뜻이기도 합니다. 그래서 성경은 이런 공동체가 성령 강림 사건으로 시작되었고, 그것이 바로 우리가 꿈꾸고 실현해야 할 하나님 나라 공동체라고 강조합니다.

한번 생각해 봅시다. 거룩한 공동체는 어떤 것일까요? 그런 공동체는 실제로 가능할까요? 사실, 이 질문은 교회가 이 땅에 등장한 이래로 단 한 번도 멈추지 않고 계속됐습니다. 종교개혁자 루터나 칼뱅, 또는 웨슬리 시대에 갑자기 나온 질문이 아닙니다. 오늘 여러분과 그림을 보면서 하나님이 이 땅에 이루고 싶은 교회, 우리가 꿈꿔야 할 선한 교회 공동체가 무엇인지 고민하는 시간을 가져 보려고 합니다. 종교개혁이 일어나기 약 200년 전 이탈리아로 가 봅시다.

악한 통치의 알레고리

시작해 볼까요? 이탈리아의 시에나로 가 봅시다. 시청 *palazzo pubblico*이 있는 광장입니다. 넓은 광장 한가운데 높은 탑이 서 있는 인상적인 장소입니다. 4세기, 로마로 가는 길목에 있어서 순례자들이 들르는 곳이었던 시에나는 '교황의 은행'이라고 불릴 정도로 엄청난 부를 누렸습니다.

베네치아나 피렌체, 밀라노처럼 독립적인 도시 국가 형태의 공화정이지만 그보다 더 특이한 건 이 도시만의 통치 형태입니다. 도시를 대표하는 부유한 상인 24명 가운데 9인을 선출

시청 앞 광장과 시청사 건물 2층에 자리한 '9인의 방'

선한 정부의 알레고리

악한 정부의
알레고리와 효과

선한 정부가 도시와
국가에 미치는 영향

창문

하고 돌아가며 시에나의 모든 행정과 사법을 맡고, 선출직이 된 두 달간은 가족을 떠나 시청사에 머물며 도시의 공적 업무에 매진했다고 합니다. 교회로 치면 한 교단의 총대 가운데 실행 위원이나 임원을 선출하고, 거기서 총회장을 뽑아 공동체의 일을 위임하는 체계와 유사합니다.

시청사 건물 2층에 가면 '9인의 방'이라는 곳이 나옵니다. 이곳이 바로 선출된 9인이 모이는 방입니다. 이 방엔 암브로

악한 통치의 알레고리

지오 로렌체티Ambrogio Lorenzetti가 그린 프레스코 벽화가 창문이 있는 곳을 제외한 나머지 세 벽면을 가득 메우고 있습니다. 이름하여 〈선한(악한) 통치의 알레고리The Allegory of Good and Bad Government〉라는 작품입니다. 1338년 2월에서 1339년 5월 사이에 그려진 이 벽화는 도시의 통치를 맡은 사람들에게 자신들이 내리는 결정이 얼마나 중대한 결과를 낳게 되는지 자각하게 하려는 목적이 있습니다.

벽화 전체를 설명하자면 한 시간으로도 모자랄 것 같아 눈에 띄는 몇 가지만 언급해 봅니다. 창문을 등진 정면과 오른편 긴 벽엔 선한 통치가 어떤 것인지, 그리고 그런 공동체에 일어나는 효과가 무엇인지 아름답게 묘사되어 있고, 왼쪽 벽엔 악한 통치자와 그 도시 공동체에 일어나는 일이 그려져 있습니다.

악한 정부와 그 효과가 그려진 왼쪽 벽부터 살펴봅시다. 모든 그림과 인물엔 희미하게 이 인물이 어떤 역할인지 라틴어가 새겨져 있어요. 이 그림의 왼편은 악한 통치자가 공동체를 맡게 되면 도시와 시골에 어떤 일이 벌어지는지 보여 주는데, 이런 상황을 만든 악한 통치자의 모습이 오른편에 그려집니다. 좀 더 자세히 보지요.

중앙엔 폭군을 상징하는 인물 티라미데스Tyramides가 보좌에 앉아 있습니다. 머리에는 뿔이 달려 있고 송곳니가 튀어나왔으며, 손에는 단검을 쥐고 발은 염소 위에 올려놓았습니다. 눈은 짝눈이라 공동체의 모습과 사건을 제대로 정확히 보지 못합니다.

　이 폭군의 머리 위로 손에 갈고리를 쥔 탐욕Avarice, 천칭에 무게 달 저울접시가 없는 오만Pride, 거울과 마른 가지를 든 허영Vainglory이 날아다니고, 그의 오른편(그림 왼편)에 뱀을 입에 문 잔혹Cruelty, 이상한 꼬리가 달린 양을 들고 있는 반역Treason, 사기Fraud가 있고, 그 반대편엔 진노Fury, 분열Division, 전쟁War이 자리 잡고 있습니다. 좌우 흑백으로 나뉜 장백의를 입고 톱으로 자기 몸을 자르고 있는 분열의 모습이 섬뜩합니다. 정의Justice를 상징하는 여인이 온몸이 꽁꽁 묶인 채 폭군의 발밑에 던져져 있습니다.

　프레스코 아랫단에는 이렇게 쓰여 있습니다. "모든 사람이 자기 이익만 추구하기에 이곳에선 폭정이 정의를 짓누른다.

그렇기에 이곳으로 가는 길에선 누구나 목숨의 위협을 느끼게 될 것이다.…도시 성문 안팎은 강도들이 날뛴다." 악덕으로 둘러싸인 폭정은 평화와 번영을 송두리째 앗아 갑니다.

선한 통치의 알레고리

이제 선한 정부로 가 봅시다. 9인의 방을 열고 들어가면 바로 머리 위에 붉은 옷을 입은 정의Justice의 여신이 보좌에 앉아 있습니다.

그녀의 시선은 머리 위 가장 높은 곳에 있는 천상의 지혜 Heavenly Wisdom를 바라봅니다. 지혜는 무표정한 얼굴로 왼손엔 책, 오른손엔 분배의 저울을 들고 있습니다. 사사로운 감정에 치우치지 않는 지혜의 저울은 정의의 양손으로 연장됩니다.

각각의 저울 위에 천사가 앉아 있습니다. 왼편 분홍빛 천사는 오른손에 든 긴 칼로 어떤 이의 목을 자르고, 왼손으로는 다른 이에게 왕관을 씌웁니다. 오른편 저울 위 천사는 저울을 들고 그 안에 담긴 곡식을 분배합니다. 이 두 천사의 행동은 중세인들에게 익숙한 아리스토텔레스의 교환적 정의(상과 벌을 준행하는 붉은 천사)와 분배적 정의(저울을 들고 나누는 흰 천사)를 암시할 수도 있습니다. 이것으로 하늘의 지혜란 상과 벌, 그리고 공정한 분배를 치우침 없이 수행하는 것이며, 이런 일은 언제나

선한 정부의 전체 모습(상)과
정의의 여신(하)

© Alamy

살아 있는 정의 가운데 실천되어야 한다는 것을 뜻합니다. 선한 공동체의 정의는 공정하게 살아 생동합니다. 이 모습은 악한 정부에서 정의의 여신이 폭군의 발밑에 내동댕이쳐진 것과 대비됩니다.

　　선한 공동체는 이것만으로 부족합니다. 정의의 양편에 있는 저울 위를 잘 보세요. 그 저울접시에서 밧줄이 내려옵니다. 그리고 두 가닥 줄은 그 아래 의자에 앉은 한 여인의 손에서 하나의 동아줄로 합쳐집니다. 이 여인의 무릎 위엔 중세 시대에 사용되던 나무 대패가 있는데, 콘코르디아CONCORDIA라고 적혀

있습니다. 그 뜻은 두 심장을 합친다는 의미의 '화합/조화/일치'입니다. 화합은 서로 다른 두 줄을 하나로 만들어 시에나의 귀족들을 상징하는 24명에게 넘겨줍니다. 그녀가 가진 대패는 서로 다른 생각과 마음을 다듬는다는 뜻일 겁니다.

줄을 잡고 늘어선 스물네 명을 보세요. 이들은 모두 화합에서 나오는 줄을 잡고 조화와 질서 가운데 줄지어 있습니다. 그리고 그 동아줄은 수염 가득한 왕의 오른손까지 이어집니다. 그런데 자세히 보면, 이 줄은 왕의 오른 손목에 묶여 있습니다. 통치자는 구성원에 속박당하며, 통치자와 구성원의 이익은 서

로에게 묶여 있다는 뜻입니다.

　　오른쪽 통치자를 주목해 봅시다. 그의 머리 주위에 새겨진 CSCV라는 글자가 보입니다. 이는 왕을 뜻하는 게 아니라 '시에나의 공동선'이라는 뜻입니다. 그의 발아래서 두 아이가 늑대의 젖을 먹는데, 늑대는 엄격한 규율로 자신의 무리를 통제하며 생존하는 것으로 이름난 동물로, 동시에 도시 시에나를 상징하기도 합니다. 시에나 시민들은 선한 통치에서 솟아나는 생명의 젖을 풍성히 만끽한다는 의미입니다.

　　보좌에 앉은 공동선의 오른편(보는 이의 왼쪽) 끝에는 올리브 가지를 들고 비스듬히 기댄 하얀 여인이 보입니다. 속이 다

363

비치는 옷을 입고 침실에 누운 것마냥 무방비 상태입니다. 그녀의 이름은 평화PAX입니다. 그녀가 기댄 베게 밑에는 검정 갑옷이 창고에 던져져 있듯 쌓여 있습니다. 14세기엔 빛나는 은빛이었지만, 세월 탓에 검게 변색해 버렸습니다.

평화 옆엔 강건함Fortitude과 신중함Prudence이 자리하고, 공동선의 오른편엔 아량Magnanimity, 절제Temperance, 정의Justice가 자리합니다. 특이한 건, 미덕을 상징하는 이들 밑에 군대가 있으며, 또 다른 종류의 밧줄이 포로들을 묶고 있다는 점입니다. 이는 선한 통치라고 해서 좋은 게 좋은 거라면서 얼렁뚱땅 넘어가거나, 모든 것을 덮어 주는 게 선이 아니라는 지혜를 보여 줍니다. 참으로 선한 통치는 시민뿐 아니라 전쟁 포로들 위에도 높이 군림합니다.

선한/악한 통치가 미치는 영향

선한 통치의 효과는 시골에서부터 도시에 이르기까지 폭넓게 나타납니다. 여기 나오는 풍경은 모두 시에나의 실제 풍경입니다. 성문 너머 시골에선 잘 차려입은 여인이 사냥하러 나가고 길가에선 농부가 토실토실 살진 돼지를 시장으로 몰고 갑니다. 이렇게 해도 누구 하나 탈취하거나 탐내는 사람이 보이지 않습니다. 도둑도 없고, 군대도 없습니다.

선한 통치와 악한 통치 아래의 대조되는 모습

그 이유를 하늘 위 천사가 보여 줍니다. 천사는 왼손에는 어떤 이의 목을 매단 교수대를 들고, 다른 손에는 펄럭이는 두루마리를 들고 있습니다. 거기 이런 말이 써 있습니다.

> 이 공동체가 여전히 이 (선한) 주권자를 유지하는 한, 모든 사람이 두려움 없이 자유롭게 여행할 수 있으며, 누구든 땅을 갈고 씨를 뿌릴 수 있다. 그녀가 악한 자로부터 모든 힘을 빼앗았기 때문이다. 그녀의 이름은 치안이다.

성문 안쪽 도시는 질서 정연하고 활기가 넘칩니다. 장인들은 열심히 일하고, 상인들은 물건을 장사하며, 학교에선 학생들을 가르칩니다.

가장 멋진 장면은 손을 잡고 함께 춤추는 열 명의 모습입니다. 이들의 춤은 시에나의 선출직 9인(손잡은 사람들)과 시에나 시민(1인 탬버린)의 행복한 상생을 상징합니다.

악한 통치와 선한 통치가 이뤄지는 곳은 분명히 대비됩니다. 선과 악, 질서와 무질서, 풍요와 기근으로만 구분되지 않습니다. 저에게는 건물이 가장 인상적인 부분입니다. 선한 쪽 건물은 잘 보수되어 있고, 옥상 부근에 일꾼들이 여전히 건물을 쌓아 올리는 모습이 보입니다. 그러나 악한 쪽은 깨진 창문도 많고 이미 있던 건물도 모두 훼손되어 아무도 돌보지 않습니다. 이 대비는 무엇을 말하는 것일까요? 선한 통치가 이뤄지는 공

동체의 증거는 미래를 건설적으로 준비하고 있는 모습으로 드러난다는 뜻으로 읽힙니다.

이 벽화에서 아직 설명하지 않은 부분이 한 군데 남았습니다. 선한 정부의 왕좌에 앉은 흰 수염 할아버지 위쪽을 보세요. 세 천사가 보입니다. 세 천사의 이름은 믿음(왼쪽), 소망(오른쪽), 사랑(가운데)입니다. 지혜, 정의, 화합, 평화, 신중, 배려, 절제의 미덕은 언제나 중요합니다. 그러나 그 무엇보다 공동선을 완성하는 결정적인 요인은 '믿음·소망·사랑', 이 셋입니다.

1339년에 완성된 이 벽화는 시에나의 선출된 통치자 9인과 시청사를 방문하는 시민들에게 선한 정치가 무엇인지, 그리고 지금 우리는 어떤 통치 아래 살아가는지에 대해 경각심을 주기 위해 제작되었다고 합니다. 선출된 통치자가 선한 미덕으로 도시 공동체를 인도하지 않는다면, 이 벽화가 그 심판과 종말을 고하는 예언적 선포가 되길 바랐을 겁니다. 놀라운 작품이지요.

그러나 안타깝게도 이 작품이 시에나 시청사에 그려진 지 10년도 채 되지 않은 1348년에 유럽은 흑사병에 휘말렸고, 3년이 채 되지 않은 1351년까지 유럽 인구의 거의 절반이 죽게 됩니다. 이 작품을 그린 암브로시오 로첼리티도 그때 사망합니다.

이 벽화는 그런 역사의 암흑기를 거쳤음에도 지난 700년 동안 거기 담긴 예언적 의미가 퇴색하지 않고 오늘 이 시대 더욱 선명하게 메아리칩니다. 특별히 기독교 정신으로 살아간다는 이들에겐 더욱 그러합니다. 저는 이 벽화의 마지막 설명에서, 선한 시민 공동체라면 성서의 정신 아래 움직여야 한다는 신앙의 고백이 여기 담겨 있다고 설명했습니다. 다른 공동체라면 몰라도 적어도 교회라면 이래야 하지 않을까요. 오늘 우리의 교회 공동체는 어떤가요? 시에나 시청사의 벽화 한 장면 한 장면이 가슴 아리게 눈에 들어옵니다.

거룩한 사귐의 공동체인 교회는 지난 이천 년 동안 한결같은 목소리를 들려줍니다. 예로부터 변하지 않는 가치, 살아 있는 힘을 지닌 거룩하고 선한 사귐의 공동체를 이 땅에 세우라고 말입니다. 누군가에게는 이 목소리가 옛날 옛적 고대인들의 고리타분한 말이라고 합니다. 하지만 성경이 우리에게 도전하는 세계는 단지 교회만을 위한 세상이 아닙니다. 우리가 살아가는 모든 삶의 자리를 돌아보게 하고 변혁하는 메시지를 담고 있습니다. 그것을 우리는 전통 안에 살아 있는 힘, 선한 미래로 나아가게 하는 힘이라고 부를 수 있습니다.

우리가 사는 세계가 사도행전에 각인된 거룩한 사귐의 교회, 시에나 시민들이 꿈꾸던 선하고 활력 있는 믿음 소망 사랑의 공동체가 되길 바랍니다.

1   "Abscondita est ecclesia, latent sancti.": 마르틴 루터, 《노예의지론》
    (1525) in **WA** 18,652,23.

2   참조. 야마모토 요시타카, 남윤호 역, 《16세기 문화혁명》(서울: 동아시아
    출판사, 2010), pp. 87-124.

3   로완 윌리엄스, 민경찬/손승우 역, 《삶을 선택하라》(서울: 비아, 2017), p.
    67.

4   여기 언급된 '개선문triumphal arch 또는 architrave'은 로마의 산타 마
    리아 마조레 대성당Basilica of Saint Mary Major 내에 있는 특정한 건축
    적 특징을 의미한다. 초기 기독교 및 비잔틴 교회 건축에서 '개선문'은 일반
    적으로 교회의 본당nave과 반원형 또는 다각형의 후진apse 구역을 구분
    하는 큰 아치형 구조물이다. 후진은 주로 제대가 위치한 곳이다.

5   1517년 10월 21일, 마르틴 루터의 95개 논제, 제1항.

6   예를 들어, https://www.metmuseum.org/art/collection/search/436572.

7   2024년 3월 28일, 중앙루터교회 성목요일 설교에서 발췌.

8   참조. Origen, **Commentary on the Gospel of John.** pp. 32, 19, 20-
    24; John Chrysostom, **Homilies to the Gospel of Matthew.** pp. 81,
    1; Series of commentaries on the Gospel of Matthew 83.

9   오리게네스 마태복음 24:37-39 주해.

10 6세기 개신교 진영에서는 중세교회의 이종 배찬 금지를 깨고, 모든 신자가
    성경 말씀대로 떡과 포도주를 받도록 한 것을 종교개혁 운동의 가장 혁명
    적인 표식으로 받아들였다. 1528년 독일 개신교령이었던 Braunschweig
    에 내린 포고령에 따르면, "개신교령에서는 종교개혁을 기념하는 행위를
    하도록 권장"한다. 16세기만 하더라도 종교개혁을 기념하는 특별한 날이
    따로 지정된 것이 아니라 '양형 성찬'이 종교개혁의 표징이었다.

11 "아우그스불그 신앙고백서, 제14조", 지원용 편역, 《신앙고백서》(서울: 컨 콜디아사, 1988), p. 29: "우리 교회는 누구나 정식으로 부름을 받은 사람 이 아니면 아무도 교회에서 가르치거나 성례전을 집행하지 못한다고 가르 칩니다."

12 더 심한 경우에는 루터교회에 정식 입교하지 않은 사람은 수찬을 금지당한 다. 보수적인 루터파로 꼽히는 미국 미조리 시노드 계열 교회는 여전히 이 입장을 취하고 있고, 그 교단이 선교한 한국 루터교회에서도 한동안 이런 모습을 따랐지만, 지금은 교회별로 그 입장이 다르다.

13 마르틴 루터, 최주훈 역, 《마르틴 루터 대교리문답》(서울: 복있는사람, 2017), p. 347.

14 《마르틴 루터 대교리문답》, pp. 222-223.

15 Martin Luther, "Vorrede auf die Epistel S Jacobi und Jude"(1546) in *WA, DB* VII p. 385.

16 "Tolle Christum e scripturis, quid amplius in illis invenies?": 마르틴 루터, 《노예의지론》 in *WA* 18,606,29.

17 2023년 3월 10일, 성북교회 청년 주일 특강 원고.

최주훈의 명화 이야기 보는 것에서 읽어 내는 것으로

최주훈 지음

2025년 2월 27일 초판 발행

펴낸이 김도완   **펴낸곳** 비아토르
등록번호 제2021-000048호   **주소** 서울시 종로구 삼일대로 428, 500-26호
    (2017년 2월 1일)   (우편번호 03140)
전화 02-929-1732   **팩스** 02-928-4229
전자우편 viator@homoviator.co.kr

편집 이지혜   **디자인** 즐거운생활
제작 제이오   **인쇄** (주)민언프린텍   **제본** 다온바인텍

ISBN 979-11-94216-12-4 03230   **저작권자** ⓒ최주훈, 2025